NHKラジオ
みんなの子育て☆深夜便

子育ての
不安が消える
魔法のことば

NHKアナウンサー

村上里和[編]

青春出版社

はじめに

　はじめまして。ＮＨＫアナウンサーの村上里和と申します。この本は、私がアンカーを務めるNHKラジオ「みんなの子育て☆深夜便」（毎月第４木曜日に放送中）という番組から生まれました。

「大丈夫、1人じゃない。今夜もゆったりとつながりましょう」という呼びかけではじまる「みんなの子育て☆深夜便」。子育てに苦労している、孤独を感じていてつらいなど、うまく伝えられないモヤモヤした気持ちを抱えている子育て中のママ・パパたちと、子育てを応援したいという幅広い世代のリスナーが、月に一度、真夜中のラジオ放送に集まります。

　現実の生活では、知らない人と言葉を交わしたり、ましてや困りごとの相談をしたり、苦しい思いを吐露したりなど、とてもできませんよね。でも、この番組ではそれが可能です。世代を超えてたくさんのリスナーが集まり、子育て世代と悩みを共有し応援する、とてもあたたかな交流の「場」になっているのです。手はつなげないけれど、心はつなげられる。「1人じゃないんだな」と思えることは、どんな世代の、どんな人にとっても、大切なことです。

　全国の眠れない人たちと歩んで30年余り続いてきたNHK「ラジオ深夜便」。高齢のリスナーが多いと言われてきたこの番組に、なぜ「みんなの子育て☆深夜便」が生まれたのでしょうか。

　それは、私が子どもの頃からずっと憧れていた絵本『ぐり

とぐら』の作者・中川李枝子さんへのインタビューがきっかけでした。中川さんは17年間保育士として勤めた経験をお持ちで、子どもたちとの交流の中から生まれた数々の名作絵本はもちろん、お母さんたちに語りかけるエッセイも多く出されています。「ラジオ深夜便」で放送したインタビューの最後に、子育てに奮闘するお母さんたちに向けてメッセージを贈ってくださいました。

「子どもはみんな問題児なの。でも、子どもたちは、どんなお母さんでも、自分のお母さんが一番大好きなのよ。だからお母さんたちは自信を持って」と語られたのです。

　中川さんのインタビューが放送されたあと、私のもとに、20代の若いお母さんからお便りが届きました。それまでは60代から80代のリスナーからのお便りが中心でしたので、「20代の女性も聴いてくださっているんだ！」とびっくりしたことを覚えています。

「子どもが生まれて、2、3時間おきの授乳のため夜中も眠れず、1人孤独を感じながら過ごしています。テレビをつけると、私も赤ちゃんもまぶしくて目が覚めてしまうので、ラジオを聴くようになりました。中川さんのインタビューに思わず聴き入りました。最後は、まるで自分への励ましの言葉をもらったようで、ボロボロ涙が出ていました」と書かれていました。

　その言葉にハッとしました。私自身も一男一女の母ですが、自分が赤ちゃんと過ごした孤独な時間を思い出したのです。眠れずに疲れ果て、子育てにまるで自信が持てず、小さな命を守るプレッシャーと世の中から取り残されたような孤独感は、特に深夜に重く感じていました。「そうか、『ラジオ

深夜便』のリスナーにはそんなママたちもいるんだ！」と気づいたことで、私の中に「子育て中のママ・パパのための番組」の“種”が生まれました。

その後も、「産後よく眠れず、ラジオをつけるようになりました」「『ラジオ深夜便』を知ったのは、出産で入院していた病院の授乳室でした」「授乳で夜中に何度も起きてつらかったとき、深夜便の穏やかな声に助けられました」というママたちからの声が届き、それが後押しになりました。「真夜中のママたちのための番組」の企画を考え、それが採択されて、特別番組として放送されることになったのです。

「ラジオ深夜便」の放送28年間の歴史上はじめて、子育てをテーマにした「ママ☆深夜便」が、2018年5月に放送されました。20年4月からは、月に一度のレギュラー放送になり、22年には「みんなの子育て☆深夜便」にタイトルが変わりました。

ママやパパだけに限定した番組ではありません。どんな立場の人でも参加しやすい放送を目指しました。そのとき考えたのは、「人はみんな赤ちゃんとして生まれてきて、子ども時代を過ごしている」ということです。

詩人の谷川俊太郎さんは、「人の成長は棒のように伸びていくのではない。木の年輪のように大きくなっていく。だから自分の中心には“子ども時代の自分”がいる」とおっしゃっています。子どもがいる人もいない人も、ひととき、“自分の中の子ども”を呼び起こして、子どもについて、子育てについて一緒に考えてほしいと願いました。

また、討論して何か1つの正しい答えを出すような番組ではありません。親と子の組み合わせは世界に1つ。子育てに

正解はありません。だからこそ、親たちは悩みます。何に悩んでいるのか、不安なのか。ママやパパたちのリアルな声を聴いて、共有（シェア）する。モヤモヤした気持ち、苦しい気持ちを紹介し、スタジオのゲストとともに、ラジオを聴いている人たちの励ましの声を丁寧につないで放送しています。

　すると、「そうだったのか！」と今までと視点が変わる、まるでパァッと日の光が差し込むような"魔法のことば"が語られる瞬間がいくつも訪れました。そして、悩んでいる心がフッと軽くなる。たとえると、子育て世代のリアルな声が核となって、美しい雪の結晶ができるような瞬間です。でも、ラジオは音声のメディア。声が届いては消えていくように、その結晶もその場にいないと受け取ることができず、消えてしまうのです。

　ラジオだからこそ生み出せるもの、伝わるものがあるけれど、ラジオだからできないこともある。リスナーの声をもとにしてゲストの皆さんが発した素敵な言葉がたくさん生まれているのに、残っていかないことがとても残念でした。

　そんな結晶のようなことばをよみがえらせたのが、この本です。本になったことで、いつでも何度でも、このことばたちに出会うことができるのです！

　どこから読んでも大丈夫。ふだん放送を聴いてくださっている方には、文字から声が聴こえてくるのではないでしょうか。相手を思う優しさのこもった声が聴こえてくるように、ゲストの方たちのあたたかいことばをまとめました。

　多くの悩めるママ・パパたち、保育者の方たち、子育てを応援する方たちが手に取って、お守りのようにそばに置いていただけたらと願っています。

1章　「こうあるべき」を手放そう！

子育ての理想にとらわれなくなる魔法のことば

みんな、子育てに悩んでる

親のイライラ、不安が消える魔法のことば

目
次

3章　子どもをただ、見つめよう

「ありのまま」のその子を受け止める魔法のことば

4章 いいお母さんじゃなくても大丈夫

子育ての「自信がない」がラクになる魔法のことば

5章 パートナーへのモヤモヤ解消大作戦！
夫婦の絆を強くする魔法のことば

6章　1人じゃない。 みんなで育てていこうよ

子育てを「孤育て」にしない魔法のことば

カバー・本文イラスト　ヨシタケシンスケ
本文デザイン　田中彩里
編集協力　池田ちひろ

本書は、NHKラジオ「みんなの子育て☆深夜便」
「ママ☆深夜便」（2018年〜2020年度分）の内容を
文章化し、再構成したものです。

「こうあるべき」を
手放そう！

子育ての理想にとらわれなくなる魔法のことば

とにかく子育ては、
どっちが正解ってないんですよ。

汐見稔幸

　あのね、世の中に「正解」なんて、あるもんじゃないんですよ。例えば子どもの遊び。積み木で何かつくるのに正解なんかないでしょ？　好きなものをつくればいいわけ。その過程が面白くて、工夫するといろんなことができるっていうことを発見できる、そのプロセスが充実していればいいんです。「こうやらないと子どもはうまく育たない」って皆さん思いがちなんですが、悪いけどそれは子どもをバカにしてますね。

　子どもには、自分で自分をつくる力があるんです。「僕はこう育てられたから、ここが苦手。だからここは自分でやります」って、思春期以降にみんな考えられるようになります。

　例えば、ものすごく丁寧にやったことで、子どもの自主性がうまく育たなかったとしても、その丁寧さの中で育ったものはちゃんと子どもの財産になっているわけです。「自分でやりたいことをやってこなかったから、これからは自分でやりたいことをやるんだ」なんて言って、自分をつくり変えていきますよ。人間には自分で自分を育てる力があるんだっていうことに、もう少し確信を持たれたほうがいい。

　僕も「間違ってたかな」と思うことは、いくらでもあります。正解はないんですから。親も成長していけば、「あんなこと、やらなくてよかったな」とか「もっとやってあげたらよかったな」なんてこと、いくらでも出てきます。そうやって、死ぬまで悩み続けるのが子育てかもしれませんね。

「この子をいい子に育てなくちゃ」と思っている間は、「楽しい」ってないんじゃないかしら。

柴田愛子

　子育てが楽しいと思えないのは、「こう育ってほしい、ああ育ってほしい」という自分の気持ちが勝っているからですよ。

　やっぱり文化の中で「子どもは親の責任」というのがずっとあるじゃない？　でも、子どもは親が育てるものじゃなくて、育っていくものなんだと思うんです。「ああ、がんばってるね。面白いね」って子どもに視点を持っていけたら、もうちょっと楽しいんだと思うんですよ。

　でも親にそれを捨てろって言うのは、ちょっと難しいのよね。だから離れている時間を長くしたり、忙しくして「子どもはまあ、育ってる育ってる」っていうぐらいにするのがいい。「この子をいい子に育てなくちゃ」と思っている間は、「楽しい」ってないんじゃないかしら。

　もう1つはね、子どもがやるのと同じことを自分もやってみちゃうの。どうして棒を振り回すのかしらって思ったら、自分も棒を振り回してみるの。そうすると、自分の中に見えなくなっていた子ども心みたいなものが発掘されてくるのよ。私なんて泥遊びはまさにそうでした。汚いと思っていたときは頭で子どもを見てるんです。これをなんとかやめさせようとか、汚れないようにとか、いろいろ考えちゃうでしょう。でも諦めて一緒にやりはじめたら、「結構面白いね」って。自分もかつては子どもだったので、みんなも絶対、記憶にはなくても共感できるはずだと私は思っているの。

「まだ３歳」と諦めるのは、
すごくポジティブな感じがする。

山崎ナオコーラ

「私が最近編み出したのは、怒りそうになるときは『まだ３歳、まだ３歳』と唱えることです。まだ人間をはじめて３年しかたっていないのに、忙しい相手の空気を読んで思いやったり、我慢したりできるわけないよなあと思うと、優しい気持ちといい意味での諦めが湧いてきます」（東京都・30代・女性）

　私、「諦め」っていうことばが一番好きなので、いい意味での「諦め」っていうのはすごくいいなあと思います。「諦め」ということばは、古語では「明らかにする」という意味で、割と肯定的で前向きな意味らしいんです。事情を明らかにするとか、ものごとを明らかにするとか。"前向きに諦める"っていう意味で現代でも捉えていいのかなと考えるようになって、「諦める」をもっとポジティブに使いたいと私は思っているんです。

　だから、「まだ３歳。まあいっか」と諦めるのは、すごくポジティブな感じがするなと思います。

"べきおばけ"って誰なのよ？ 「幻に脅かされている場合じゃないですよ」って私は思うのね。

柴田愛子

"べきおばけ"（〇〇すべき、〇〇しないとダメといった強迫観念のようになっている存在）って誰なのよ？ って思うのね。そんな人、いるわけないじゃない！ 実現不可能な幻の理想像ですよね。できそうもないことを、あーだこーだ言われて励んでいたら、そうこうしているうちに、自分の気持ちが見えなくなっちゃいますよ。一番大事なのは「自分の人生を生きる」ってことじゃないですか。「幻に脅かされている場合じゃないですよ」って私は思うのね。

いつからみんな、優等生になろうと思っちゃったんだろう。それに励まないと人生の脱落者になるみたいな強迫観念をどこから感じてしまったのかな。太古の時代から、女が子どもを産んで家族で育ててきたわけでしょ。母親になるため、父親になるための免許なんていらなかったじゃない。あるがままのあなたでいいんですよ。そういう体に生まれてるんですよ。それをこんなふうに頭でがんばらせるようになってしまったことで、心が見えなくなってきたような気がします。

ポテサラ論争？ 「総菜を買うのは手抜き。手づくりすべき」という発想をしてしまうのは、自分の昔の生活習慣にはなかったから。それだけのことだと思うんです。助けてもらえるところは助けてもらっていいと、私は思うのね。だから古い価値観は「あら、そうですか」って、流せばいいんじゃないですか。

ママだって人間だもの！

犬山紙子

柴田愛子　叱るべきとか、ほめるべきとか、そんなの頭で考え
て子育てできますか？　作為的にほめるなんて、やんなっち
ゃうわよね。感情のある人間が、感情のある子どもを育てて
いるわけですから。「叱る」とか「ほめる」とかいうことより
も、自分の心を伝えればそれでいいと思うんです。子どもは
感性で生きているから、お母さんやお父さんの生々しい感情
のほうがずっと伝わりやすいですよ。頭で考えてやったこと
なんて、子どもには入っていかないと思いますよ。

犬山紙子　ほめて育てるのは理想だなって思うし、私もなる
べくそうしたいと思ってるんですけど、ママだって人間だも
の！　危険なときは私も「ダメー！」って言っちゃうし、イ
ライラしてちょっと強い口調で叱ることもあると思うんです。
でもそれで自分を責めるよりは、そのあと子どもに「強く言
っちゃってごめんね」って言えるようでありたい。完璧じゃ
ない姿、でもそのあとごめんなさいができる姿、そこまで含
めて、見せるほうがいいのかなって思います。

柴田愛子　子どもだってよくわかってるわよ。「お母さんは完
璧で正しい」なんて思ってる子はいないと思う。そういうの
と愛されていることとは別問題だから！　大人は頭を使って
「正しく育てよう」なんていろいろするけど、子どもは感性で
生きているから、お母さんに「ごめんね、ちょっと怒りすぎ
ちゃった」なんて言われたら、もうそれで帳消しですよ。

親がどうこうしたって、子どもは勝手に "子ども文化" をつくってると思う。

柴田愛子

　最近の子育て本って、見本みたいなことばっかり書いてあるじゃないですか。だからよく私、言うのね。「みんなほかの人は楽しく子育てしてるって言うけど、あれは外面。家で子どもを怒ってる顔はみんな鬼だよ」って（笑）。鬼の顔のお母さんの写真集を出したいと思ったくらいですよ！　そんなの見たら、きっとホッとするだろうなって思うのと、こんなに必死なのねってわかるでしょう？

　子育てって正解がわかんないし、子どもはわけわかんないし、汚いし、うるさいしさあ。「なんの動物、これ？」っていう感じじゃないですか（笑）。イヤイヤ期はまだ "人間途上" っていう感じだけど、5～6歳になるとちょっと "人間" になってくるから、「まあ、うちの子だわね」っていうのが出てくると思うの。4年生ぐらいになると、「ああ、やっぱりうちの子だわ。せめてお父さんよりはよくなってほしい」なんて望みが育ってくる。それで、思春期にもなると、たいていの親は「まあ、生きてればいっか」って思いはじめる。子どもが小さいうちは肩に力が入りがちだけど、だんだん、「これ、しょうがないのかな」って変わっていく。親がどうこうしたって、子どもは勝手に "子ども文化" をつくってると思うんですよね。だから、「親は、ごはんをあげていればいいかな」ぐらいでいいんじゃないですか。

「自分は子どもと遊ばないダメな親だ」と 考えるのではなく、考えすぎているんだと 気づいてほしい。

てぃ先生

親だからといって、イヤだと思っているものを無理にやる必要はないのかなと思うんですよね。たとえ、お子さんとの遊びであっても。だって、苦手なものは苦手なわけで。「子ども相手だから、こういう遊びをしなきゃ」と考えてしまうと、ハードルが高くなって「やりたくないな」「遊びたくないな」という気持ちがより強くなってしまうと思うんです。

だから、ご自身が好きなものでいいと思うんですよ。体を動かすのが好きなのであれば、「その場で駆け足をしてみる」「ジャンプが何回できるか」という形でやってみるのもいいと思います。歌が好きなのであれば、お子さんと一緒に口ずさむだけでもいいと思うんです。子どもの遊びをしようと考えすぎると、余計大変になっちゃうと思うんですよね。

でも、「お子さんと遊ぶのが苦手」という方は、それだけ子どものことを考えていると僕は思うんです。子どものためにこれをやらなきゃと考えているから、自分にはできないなというのが出てきてしまう。そういう方は、「自分は子どもと遊ばないダメな親だ」と考えるのではなくて、むしろ「考えすぎているんじゃないかな」とぜひ立ち止まって考えてみてほしいなと思います。それから、お子さんが集中して遊んでいるのであれば、わざわざそこに大人が介入する必要はないと思いますね。そのまま続行させてあげるのもいいことだと思います。

スマホも使い方次第で、子どもたちや ママ・パパたちにもいいものになるので、 何よりも周囲が冷たい目で見ないでほしいですね。

大日向雅美

　スマホやタブレットを子どもに長時間見せ続けるのは、確かに目にはよくないですね。でも電車の中でぐずったときにパッと見せると、止まるんですよ。そういうときに周囲の人が、「あのママ、スマホに子守りさせてる」なんて、冷たい目で見ないであげてほしいんです。そういうときのママたちって「しつけがなってないって思われているかもしれない」って、体が固まっていることがあるのでね。

　この間、SNSで情報交換しているママたちと座談会をしたら、とても上手な使い方をしてらして、育児不安や孤独から解放されたりすることもあるようでした。「アニメ1本だけよ」と約束して、子どもがルールを学ぶ1つの方法にもなっていたりして……。

　ただやっぱり、スマホだけでは寂しいわね。私が小さい頃はラジオでした。落語なんか好きでした。声の調子を変えて話すじゃないですか。ラジオの向こうに何人いるんだろうってイメージをふくらませてました。ですから、いろんな媒体があるといいと思うんです。スマホも使い方次第で、子どもたちやママ・パパたちにもいいものになるので、何よりも周囲が冷たい目で見ないでほしいですね。小児科のお医者さまの中には「待合室でママたちがすぐスマホをやってる」と言う方もいますが、それは情報交換したり、大事なコミュニケーションをしているんですよね。

「今これをやってるから、その間、ちょっと 泣いてて」っていうのはアリだと思うんです。

柴田愛子

「子どもと一緒にいると、常に遊び相手をしてやらなければならない気がする。とはいえ、そうもいかないのでテレビを見せている間に家事をしたりメールを打ったり、休憩することもある。でも、それがまるで子どもを放置しているようで気がとがめてしまう」（神奈川県・40代・女性）

なんでそんなに子どもとべったり遊んであげないといけないわけ？　どんなに好きな人とだって、四六時中べったりしてたら、イヤじゃない？　自分の時間がほしくないですか。子どもだって年中お母さん・お父さんにべったりされたら、自由がほしいって思うと思うわよ。ほっとくことも大事なのよ。「ほっとく」っていうのは「放置」するんじゃないですよ。でも機嫌よくアワアワやっているのなら、ほっといていいと思うし、「今これをやってるから、その間、ちょっと泣いてて」っていうのはありだと思うんです。相手に振り回されていると相手はもっと要求してきて、どんどん苦しくなりますよ。こっちが苦しいということは相手も苦しい。やがてその結果として、自分で遊びを見つけられない子になりかねないですよ。

だからメリハリよね。四六時中べったりする必要はないと思います。お互いに自分の楽しいことを見つけといたほうがいいんじゃない？

「こうあるべき」を手放そう！

家族って、そんなにサービスする場所でもないと思うんです。
助け合うところではないでしょうか。

大日向雅美

「4人姉妹子育て中の母です。真ん中の2人がわがままをたくさん言うので、どこまでつき合えばいいのかわからなくて、まいっています。子どものやりたいようにやってあげたいのですが、忙しすぎて笑顔が消えてしまいます」（岡山県・40代・女性）

限界なんだと思いますね。真ん中のお子さん2人が「してほしい」「してほしい」と言うのは「もっと私に注目して」ということだと思うんです。注目の仕方もいろいろです。「やってあげる」ことだけを考えるのではなくて、「助けて」と言ってみてはいかがでしょうか。「ママは大変なの。限界なの。だからこれをやってくれると助かるの」と。

子どもってわがままを言うけれど、逆に、誰かの役に立つことに喜びを持ちます。やってくれたときに「助かったわ。ママは倒れそうだったけど、あなたがお手伝いしてくれてうれしいわ」と言ってみるのもいいかもしれませんね。

それから、限界だったら「もう限界です」とはっきり言って、時にはやってあげなくてもいい。家族って、そんなにサービスする場所でもないと思うんです。助け合うところではないでしょうか。

親子は、一緒に暮らしている「同志」。

大日向雅美

「2人の子どもを育てるシングルマザーです。医療職のため、旅行はもちろん外食もできず、子どもたちには我慢のさせ通しです。私が『ごめんね』と謝ると、『いいよ、仕事でダメなんだもんね』と言ってくれるので余計にかわいそうになります」（愛知県・40代・女性）

この方の「ごめんね」という気持ちは痛いほどわかります。でも、お子さんが「いいよ」と言ってくれるんですね。この「いいよ」には、「うちのママはみんなのためにがんばっているんだ！」という誇らしさが入っている、というように聞いてあげてほしいと思います。単に「我慢させてもいいよ」と言っているんじゃない。子どもって、小さくてもわかるんですよ。「うちのママは、みんなのためにがんばってくれている。だから私は寂しくなんかないもん。誇らしいよ」と言っている「いいよ」だと思いますね。

でも、ママが「ごめんね」と言ってくれることにも癒やされるんだと思います。小さな胸を一生懸命張り詰めて「いいよ」と言うときに、「そうでしょ！」とすませてしまうのではなくて、「本当はママもあなたと一緒にごはんを食べたいのよ。一緒にどこかへ行きたいのよ」と言ってくれるママだから「いいよ」と言えるのではないでしょうか。お互いさまの関係ね。親子は、一緒に暮らしている「同志」なのだから。

ごはんづくりのプレッシャー

日本人は、「きっちりと家庭で食事をつくらなきゃいけない」というプレッシャーが少し強すぎるのかもしれませんね。

汐見稔幸

「海外で子育てしていて、習慣の違いでラクなことは多々あります。例えば食事。晩ごはんはサーモンスープにライ麦パンだけ。パンケーキとクリームとジャムだけとかでも、家族から苦情が出ないことは本当に助かっています。友人や親戚の話を聞いても、平日の食事はみんな割と質素。『何品もつくらなきゃ！』とか『野菜を食べさせないと！』と思わなくていいのでラクになりました」（フィンランド・30代・女性）

　食事に対する考え方や食事文化が、各国でだいぶ違うんですね。外国の保育園に視察に行ったときに、昼間に出されている食事を見るとびっくりすることが多いですね。パンとハムとトマト1つだとか、ほとんど調理しなくてもいいようなものがポンと出てくることがあった。家庭でも、それに近いものが食べられていることがある。食に対して凝るのは、パーティーのときだけになっているような文化が多いんです。

　それからアジアは、シンガポールなんかにもホーカーセンター（屋台）があります。台湾には「夜市」がありますよね。そこへ行って食べる。台湾でも、朝はみんなで外へ行って食堂で食べるのが当たり前なんです。日本人は「きっちりと家庭で食事をつくらなきゃいけない」というプレッシャーが少し強すぎるのかもしれませんね。

「3歳児神話」の真実

> お母さんも大事だけれど、子どもは愛されることが
> 大事なのであって、パパも祖父母も保育園の先生も、
> みんなが愛することで子どもは元気に育つんです。

大日向雅美

「実家の母に子どもを預け、仕事復帰しました。母に悪気はないと思うのですが、帰宅すると『ママがやっと帰ってきた。寂しかったね。よく我慢したね』と言うのです。モヤモヤしました」（福岡県・40代・女性）

3歳までお母さんじゃなくちゃダメっていうのは間違いです。ありえません。お母さんも大事だけれど、子どもは愛されることが大事なのであって、パパも祖父母も保育園の先生も、みんなが愛することで子どもは元気に育つというのが、発達心理学の真理です。

昭和のはじめ頃まではみんな共働きで、専業主婦の方はあまりいなかった。「寄ってたかって」ということばがありますけれども、みんなで、地域ぐるみで子どもを守って育てていた。お母さんが1人で育児に専念なんてしていなかったんです。今のおばあちゃま世代からもうちょっと上の方は、高度経済成長期で、夫は仕事一辺倒、要は専業主婦になって育児をがんばった世代です。この世代もつらかったんですよ。夫は企業戦士と言われてお仕事ばかり。妻は育児に孤軍奮闘、まさに「孤育て」でした。つまり、"お母さんが3歳まで"というのは、わずか60〜70年くらいの歴史でしかないんです。その前はちゃんとみんなで育てていたということに、どうか自信を持っていきましょう。

「つらいと思わなかった」なんて言ったら、ウソですね。

福丸由佳

「2歳の男の子がいます。子育てが大変でつらくて、そのことに罪悪感があり孤独を感じてきました。でも、ラジオを聴いて、ほかのママたちもいっぱいいっぱいなんだとわかって泣きました。泣いて少しすっきりしました」（東京都・20代・女性）

山崎ナオコーラ 確かに、社会には「つらい」ということを言えない空気がありますよね。仕事だったら「やだな」とか「疲れるから行きたくないな」って言えるのに、育児だと「疲れる」って言えない空気は変えていかなきゃなって思います。「疲れるけどがんばりたいんだ」という本音が、ちゃんと伝わっている社会にしていきたいなと思いました。

福丸由佳 子育てって思い通りにいかないことがたくさんありますよね。私も、子どもはかわいいけれど、「つらいと思わなかった」なんて言ったら、ウソですね。我が家は、息子がなかなか寝ない、夜中にも結構起きる子で……3歳を過ぎたある日、「あ、私、はじめて朝まで通して寝られた」って朝起きて気づいたことを覚えています。

そういう体力的なつらさもあれば、自分に余裕がなくて、つい言いすぎて、寝顔を見て「ごめんね」なんて思ったことも結構ありましたので、皆さんそれぞれの「つらい」があるんだろうって思います。

自分の中身を一度全部さらけ出して、虫干しをしましょう。

柴田愛子

　自分が怒りっぽくなったとかイライラしてるとか、自覚できるのは素敵よね。自覚できるから、対処法を考えていけるじゃない。「これって、子どものせいじゃないんじゃない？もしかして私の問題!?」と思える。実際、大体そうなんですけどね。そのときにパートナーが「君、怒りすぎじゃない？」とか、「ちょっとイライラしてますねぇ」とか、まわりの人もいつもと違うことをキャッチしてくれるといいですよね。

　私のところにもメールが来ます。「イライラして仕方がないのであなたの本を読んでみたけど、イライラがなくなりません。どうしてでしょう」というのがあったので、「あら、ごめんなさいね」って返事したんですけど（笑）、4～5回やりとりしてるうちに核心がわかってきて、やがて「久しぶりに熟睡できました」って言ってくださったのね。

　やっぱり自分の中身を一度全部さらけ出す。「虫干しする」と私は言うんだけれど。いろんな荷物を抱え込んでると、どんどん発酵しちゃうんです。ことばででも文字でもいいから、自分の体から一度出すことが必要だと思います。

「こうあるべき」を手放そう！

16

計画も予想もあったもんじゃない

　2人目が生まれて予想外に大変でした。思った通りにいかないのがつらいんですよね。予想ができないというか、スケジュールが組めないというか。子どもってイレギュラーなことしかしないから、親のほうは計画も予想もあったもんじゃない。どうしたってストレスはたまります。もう爆発して（笑）。どうしていいのかわかんないです。

山崎ナオコーラ

17

子育ては誰もがぶっつけ本番

　あらゆる営みの中で、原則練習はまったくできないのが子育て。かつ、失敗もあまり許されない。僕らの言い方だと「運転を習わず、運転免許なしに、いきなり高速道路を走らされているようなもの」なんですよね。

汐見稔幸

18

親も子も機嫌よく生きていればOK！

　子どもはちゃんと自ら大きくなっていく力があります。子どもには育つ力があるんです。だからそれを援助する、そのためには愛情とごはんをしっかりあげること。親も子も機嫌よく生きてれば、それでよし。愛情とごはんで機嫌よく！多くを望まない！

柴田愛子

永遠に続くと思っていたけど、
子育ては意外と短いもの

角野栄子（児童文学作家）

　私は５歳で母を亡くしているので、母親の記憶がないんですよね。だから、わが子をどうやって育てていいかわからないわけですよ。それはオムツを替えるとかではなく、心持ちのほうね。ものすごくかわいがっていいのか、あんまりかわいがらないで少し突き放したら自立的な子になるんじゃないか、とか。自然に母親にかわいがられて育った人は、かわいがればいいんだと思って育てると思うんですけど、私はそういうふうに頭で考えるところが少しあってね。いつも揺れ動いてました。

　その頃『スポック博士の育児書』って本が、すごいベストセラーだったんですよ。それを読みましたね。それがよかったか悪かったかわかりませんけど……まあ、いい母親だったという自信はありませんが、一生懸命な母親ではあったかなって思いますね。

「この子は私が守らなければ」と思い詰めていた

　すごく心配性でした。５歳のとき母が亡くなったでしょ。だから、死っていうものがすごく身近なもので、それから離れられないんですね。子どもは、自分の命に替えても大事だと思いますでしょ。そうすると、その子が具合悪くなって死というものがやってきたらどうしようと思うから、何かちょっとしたことでも心配なんですよ。熱が出たとか、咳が出たと

かね。

　ちょうどバブルで、夫は仕事が忙しい。帰ってこない。自分1人でどうしたらいいかってオロオロする。心配するとね。心配の大方は取り越し苦労なんですよね。だけど大きくなるんですよ、心配って。喜びっていうのは体感的に体が受け入れるんですけど、心配は頭でっかちになって、どんどんどんどん大きくなっちゃう。

　そういう気持ちがあるもんですから、うるさかったんじゃないですか。「手を洗いなさい」「うがいをしなさい」「ちゃんと行儀よくしなさい」「食べ物はこっちのほうが栄養があって体にはいいのよ」とか……。

「おいしく食べなさい」でよかったんですよ。私は今になってそう思います。毎日お野菜を食べなくてもね、それでいいんだと思うんですけど。その当時は、死ってものがいつも頭にあったもんですから、極端ですよね、考え方がね。この子は私が守らなければいけないと思っていた。

泣くことで気持ちが晴れる

　子育てをしていて、子どもをかわいいなと思うときもあれば、切ないなと思うときもあると思うんですよね。私もね、永遠に続くと思いました。その夜中の孤独。2人で楽しいんだけど、やっぱり自分らしく生きてるかしらっていう問いかけみたいなものとか、それは永遠に続くと思いました。

　でも、それは本当に短い時間なんですよね。だからやっぱり今を大事にしてほしいなとは思いますね。いろいろあると思うけれども……泣くといいですよ。泣くと気が晴れるんですね、人間って。ギューッと閉まってた気持ちがパッと開く

んですよね。赤ちゃんも泣いたあと、コトンと寝るじゃない
ですか。だからね、泣くといいと思う。ふふふ。そうすると、
フワッとね、体がゆるむのよね。ちょっとホッとする。自分
に戻れると思いますよ。

2章

みんな、
子育てに悩んでる

親のイライラ、不安が消える魔法のことば

19

叱り方、怒り方のコツ

「許せない」「これだけは伝えたい」と いうときには、"感情を込めて"怒っていいと 私は思います。

大日向雅美

怒るときは穏やかでなくて当たり前なんですよ。「許せない」「これだけは伝えたい」というときには、"感情を込めて"怒っていいと、私は思います。声を強めたり怖い顔になることも、時には必要です。ダメなことを伝えたいときに、ニコニコしながら伝えても、子どもには伝わりません。

ただし、"感情的に"怒ることは避けたいですね。例えば、行為だけを叱ってあげればいいのに、「なんて悪い子！」「将来ロクな人にならないわよ」とその子の全人格を否定したり、将来まで塗りつぶすようなことを私たちはやりがちですけれど、そういうことはしないように気をつけたいですね。

子どもって、ことばの１つひとつよりも、全体のオーラを感じていることが多いと思います。「大好きなパパがこんなに怒っているんだから、やっちゃいけなかったんだ」という理解の仕方をする年齢もあるんです。何でも全部パーフェクトに、冷静かつ理論的にわからせるというのは無理ですし、それは不自然にもなります。人間の感情ってとても豊か。喜怒哀楽を豊かに交わし合える家族でありたいな、と私は思います。

そして、親だって、大人だって、失敗したと思ったら謝ることですね。「ごめんなさいね、ママの言い方はきつかったね」「本当はあなたのことが大事なのよ。かわいいのよ」とひと言を添えてあげてほしいですね。

2章　みんな、子育てに悩んでる

なんでイヤがることをするの？

多分わざと困らせるようには
してないと思うんです。

大豆生田啓友

「年長の長男は、人を怒らせること、イヤがることをする変わり者で理解不能です。食事も進まず、ずっとイライラ。食べない子にはつくりたくないです」（大阪府・40代・女性）

　多分わざと困らせるようにはしていないと思うんです。子どもの側からすると、親に向けて一生懸命いろんな表現をしているんですよね。だけど、それは親からすると受け入れがたいということがあるから、「私のイヤなことをする」となってしまうんだと思うんです。

　つくったものを食べてもらえないのは、自分の愛情を受け止めてもらえていない感じがするから、つらいんだと思うんですね。でも、食の偏りがあるお子さんからすると、愛情を受け取れないんじゃなくて、食べられないんです。ママのイヤがることをしているわけではなくて、自分の思いを表現しているだけなんです。そうやって見方がガラッと変わると、むしろ健気（けなげ）で一生懸命な姿が見えてくるんですよね。

　ただ、誤解してほしくないのは、「ママが理解できていない」と言いたいわけではなく、そういう表現が多い場合、親からすると当然つらいんです。悪循環になっていて、ますます受け入れられない。だから、その愚痴（ぐち）を吐き出すことは大切です。気持ちが少しリラックスすると、「この子の気持ちはこういうことかな」と見えてくることがあると思います。

子どもが変わる「伝え方」

正しい・正しくないじゃなくて、「自分の気持ちを伝える」ってことが大事なんですよね。

茂木健一郎

「2歳の娘の最近の口癖が『ママ、怒ってる?』。私は『怒ってないよ、お願いしてるの』と諭すようにしていますが、感情にまかせて『怒ってるよ!』と声を荒げてしまうこともあります」(福井県・30代・女性)

子育てですごく大事なポイントって、子どもがいる環境を大人が自由につくれるわけじゃないですか。だから脳の研究者の立場からすると、それを通して間接的に子どもの行動に影響を与えるってアプローチのほうを、おすすめしたいですね。0〜2歳児ぐらいの子どもの脳って、言っても伝わらないんですよ。これはしょうがないです。だって、ことばもまだそんなにわからないんだから。むしろ、「危ないな」「危険だな」ってことができないように、いろんなものをどけちゃうとか。環境を整えるほうがおそらく有効だと思います。

子どもがパンチしてきたり、キックしてきたりと、乱暴な行為をやめさせたいと思ったときには、「あっ、お母さん痛い」とか、「そういうことをされると悲しい」とか、自分の気持ちを子どもに伝えるのがいいですよね。正しい・正しくないじゃなくて、「あなたがやったことによって、お母さんはこんな気持ちなんだよ」ってことをお子さんに言うと、お子さんのほうで、「あ、こういうことはやっちゃいけないんだな」って考えてくれると思います。

しつけのつもりが逆効果!?

大人の場合は怒らないのに、なんで子どもに対しては怒るのか？

茂木健一郎

　例えば、子どもがコップの水をこぼしちゃったとする。そのとき、「しつけ」的なアプローチだと、「なんで、コップの水をこぼしてるの!?」って言いがちだと思うんですよ。でも、子どもの自主性を尊重する立場だと、最初に聞くことは、「服、濡れなかった？」とか、「ケガしなかった？」って聞いて、そのあと「困ったね」ってコップのまわりをふいてあげるといった形になりますよね。

　つまり、大人もコップの水をこぼすことはある。大人の場合は怒らないのに、なんで子どもに対しては怒るのか？　ってことなんです。そして、そういうときに、大人が「何してるの！」って怒ったら、子どもはそれを"文化"として受け止めていっちゃうんですよね。でも、そこで「濡れなかった？」とか「ケガはしなかった？」っていうところから入ると、それを子どもが学習して、「そういうことが大事な価値観なんだな」と学んでいくと思うんです。

　今、日本では「自主性とか創造性が大事だ」と言われながら、なかなか日本人はそれを発揮できないとも言われているんですけど、ひょっとしたら幼少期のときの育てられ方にも関係しているのかな、と思ったりもしますね。

子育ての反省

やったことはね、やりたかったことなの。
やらないことは、やりたくなかったことなのよ。

工藤直子

「片づけができない息子にいつもイライラし、叱り続けて
きました。息子は中学生になっても片づけはできず、何を
やっても認めてくれないくせに！　とテスト勉強もしません。
何が正解だったのか、取り戻せないのか……散らかった部
屋を見ては、ため息をついています」（宮城県・40代・女性）

工藤直子　親子の組み合わせが世界でたった1つだから、い
いアドバイスって多分できないと思う。2人でがんばれ！
そばで応援するからって、そう思う。でもね、お母さんもね、
反省することないよ。そのときはそのときで、一生懸命「片
づけろ」って思ったし、言ったんだよ。「私の教育、まずかっ
たんだろうか」って悩んでいらっしゃるけど、軽やかに反省
するくらいでいいんじゃないですか。やったことはね、やり
たかったことなの。やらないことは、やりたくなかったこと
なのよ。それで堂々と生きていこうぜ！　ガンバ。なんかさ、
ラクにガンバ！

新沢としひこ　反省したっていいとは思うけど……だって、お
母さん、そう思ったんだもんね。「私、散らかってるの、イヤ
なんだもん」って思ったっていいじゃない。息子は、散らか
ってるの、平気かもしれないけど。だったら話し合って、そ
ういう2人が共存するにはどうしたらいいかね？　って話を
したほうがいいと思う。

お片づけしてくれない

パーフェクトを求めすぎないで
部分的でいい、ぐらいで。

大日向雅美

「2歳7カ月と6カ月の娘を持つ母です。上の子がおもちゃの片づけができないことに困っています。優しく注意しても無視。捨てるよ！　と脅かしても、あまり効果はない様子です」（静岡県・30代・女性）

加瀬健太郎　うちは4人いるんですけど、片づけで言うと2番目が全然できない。でも、3番目はすごくきっちりしてるんです。それまでは怒ってばかりだったのですが、これは個人差があるんやな、無理にガンガン言ってもしょうがないぞと気づいてから、少し気がラクになりました。

大日向雅美　物があふれているということもあると思うんですよ。もう少し物を絞ることも必要ではないでしょうか。片づけは物を大切にすることですからね。それから最近「失敗が許されない」「すべてパーフェクトで」という傾向もありますが、アンバランスでもいいと思うんです。おうちの中で、親がとてもきれいにしているところが1箇所でもあれば、子どもはちゃんと見ています。そして「これはいいな」と思うと見習っていくこともありますから、「完璧に全部やろう」と思わないことですね。まずは、片づけをすると気持ちがよくなるという経験をさせてあげたらいいと思います。物を大事にすることを今一度見直し、パーフェクトを求めすぎないで、部分的でいい、ぐらいになさったらどうでしょうか。

本来の「しつけ」のあり方

しつけ糸をいつか抜くのは子ども自身。

大日向雅美

「しつけ」は漢字で書くとき、１つは「躾」。「身」が「美しい」と書きます。お食事のマナーは、その典型例かと思います。ふるまいは大切ですね。別に気取って……ということではなくて。私たちはいろんな方と一緒に暮らしていますでしょ。ですから、相手の方に不快感を与えない、相手の方を大事に思えばこそ、「身」を「美しく」というのがしつけの中身だと思います。

もう１つ大事なことは、「しつけ糸」ってご存じですか？

昔、和服を縫うときに、ザクザクザクザクと大きな針目で押さえるように縫いました。しつけは「しつけ糸」からも来ていると言われていて、きっちりビシッと縫うのではなくて、ざっくりがいい。肝心なところだけ押さえるということです。なぜなら、しつけ糸はある程度形を整えて、あとは抜けるようにしておくことが大切だからです。ですから、ミシンで縫うみたいにビシッと縫ってはダメということです。これを子育てにあてはめて考えると、しつけ糸をいつか抜くのは子ども自身。子どもが自分でスッと抜けることが大切です。

漢字から考える「しつけ」は、人として自らを律する「自律」。そして、ほかの方と心地よく暮らせるために「身」を「美しく」。そういうことだと思いますね。

「子ども観」のアップデートが必要

脳科学では、「しつけ」という学術用語を使うことはまずない。

茂木健一郎

　脳科学をやっている立場からすると、「しつけ」という学術用語を使うことはまずないんですね。英語でそれに相当するものは、「ディシプリン（Discipline）」と言うのか、何と言うのか……それを概念として使うことはほとんどないです。現代的な「子ども観」とか「発達観」の中では、位置づけが難しいことばなのかなと思います。ただ、日本の社会や文化の伝統の中では、「しつけ」ということをずっと気にされている方がいたり、それがいい意味でも日本人らしさにつながっているところもあるかもしれないので、悩ましいのだとは思いますが……。

　おそらく何が前提で違っているかというと、子どもを1人の人格として、自立性というか自主性を認めるかどうか、というところが違うんだと思います。「しつけ」ということばからは、どちらかというと、大人が正解を知っていて、「その正解を子どもに教える」とか、「正解から外れたら、それを直す」というニュアンスがあると思うんですけど、英語の学術論文の世界では、「子どもが知らない正解を、大人が持っている」というアプローチは、ほとんどないですね。むしろ、子どもが自主的・自発的にいろんなことに挑戦して自ら学んでいくのを、いかに大人が支えるかという考え方です。そういう意味においては、日本の社会の「子ども観」もそろそろアップデートしないといけないのかなって私は正直思っています。

27 ●

投げるな、危険！

「自分でやりたかったんだよね」「もっと遊びたかった
んだよね」とお子さんが考えていそうなことを、
大人が代わりに「代弁」していくとよいと思う。

● ● ● ● ● ● ● ● ● ● ● ● ● ● ● ● ● ● てぃ先生 ● ● ● ●

　「我が家の4歳の娘と2歳の息子は体を動かすのが大好
き。ケガをしなければいい、どんとやれという我が家です
が、先日、物を投げるという動きの面白さに目覚めた息子
が投げたままごと用のナスが、長女の頭をかすってテレビを
直撃。液晶画面が撃沈しました」（宮城県・40代・男性）

　投げること自体が面白いというのもあると思いますが、自
分が物を投げることによって、まわりの大人がふだんとは違
う表情や態度になる。そのリアクションを楽しんでいるお子
さんもいらっしゃるので、過剰に反応すると余計にお子さん
が面白がってまた物を投げることにつながりかねないんです。
端的にパシッと「投げたらいけないよ」「お姉ちゃんに当たっ
たら危ないよ」と伝えていくのがおすすめです。

　2歳ということなので、きっとイヤイヤ期もかぶっている
んじゃないかな。自分でいろいろ考えていることはあっても、
それをうまくことばで表現できなかったり、わかってもらえ
ないという葛藤があったりするので、ふつふつとした思いを
物を投げることで発散しているケースもあります。その場合
には、「自分でやりたかったんだよね」「もっと遊びたかった
んだよね」とお子さんが考えていそうなことを、大人が代わ
りにことばにする、「代弁」をすると、物を投げなくても自分
の気持ちは伝わるんだと安心しやすくなります。

2章

みんな、子育てに悩んでる

イヤイヤ期を乗り越えるヒント

おすすめは、何かに熱中させること。
子どもの脳が何かに熱中しているというのは、
実は一番多くの学びをしている状態です。

茂木健一郎

「2歳の息子はイヤイヤ期真っ盛り。これ以上どうしろというの……と絶望的な気持ちになります。息子の要求に応えることは、わがままを加速させているのでしょうか」（山口県・30代・女性）

「イヤイヤ期」を、学術用語として使うことはほとんどないです。英語だと、「テリブル・トゥー（terrible twos）」というのかな。「恐るべき2歳」という言い方があると思うんですけど。おそらくこれは、お母さんが子育てしているときに孤立してしまっているというのが、一番の問題なんだと思います。昔のような大家族だったら、祖父母が助けてくれたり、近所の人が助けてくれたり、セーフティーネットがあったと思うんですけど、今は核家族化して、2歳の子どもがいろんな感情をぶつけてくるのを、お母さんが引き受けている。1人でがんばっているって気の毒ですよね。

　子どもの要求に応えるというより、気持ちのケアをしてあげるというアプローチのほうが有効だと思います。おすすめは、何かに熱中させること。子どもの脳が何かに熱中しているというのは、実は一番多くの学びをしている状態です。「○○ちょうだい」「○○食べたい」って言っているときは、脳が退屈し、刺激を求めているとも言えます。遊びに夢中になっていたりすると、意外とこういうことは言わないんですよね。

「戦いごっこ」対策

3歳にもなると、基本的には戦っていますね。クラスの半分以上が日々戦っていますよ。

てぃ先生

「戦いごっこがつらい。私は戦いたくないのにいつも怪獣役。戦わないで発散させる方法があれば教えてほしい」（北海道・30代・女性）

やっぱり、基本的には戦っていますね。3歳にもなると、クラスの半分以上が日々戦っているんじゃないかと思うぐらい。ただ、ヒーローや強いものに憧れるのは自然なことなので、「戦わないようにする」というのは、子どもの思ったことや感情を押しつぶしてしまう方向につながっちゃうのかなと思うんですよ。でも、「イヤがっている相手にはやっちゃいけないよ」ということは伝えたほうがいいと思うんですよね。例えば、ママがイヤがっているときでもお子さんが戦ってくるのであれば、「叩くのをやめなさい」とお子さんを非難する言い方よりは、「ママは叩かれて悲しいな」とママ自身の気持ちを伝えたほうが響きやすくなります。大人がムキになって過剰に反応するのはおすすめできません。あとは、戦う相手を替える。例えば牛乳パックなどで的をつくって、それを叩いて倒すという方向に切り替えてあげると、お子さんの「戦いたい欲」は満たされますよね。牛乳パックの中に何か音が鳴るもの、ストローを切ったものなどを入れておくと、倒れたときにシャラシャラーンと音が鳴って楽しさが変わってきます。だから、人間じゃない"的"を用意するのもいいと思います。

子どももデザートは別腹？

主食を残してデザートを食べるという行動をしているならば、それは子どもが、「自分にとっては今デザートが必要だ」という判断をしているということ。

茂木健一郎

「息子は『おなかいっぱい』と食事を残しても、食後のデザートはいつも食べます。デザートがないと泣き出すので許してしまいます。しつけがいつも中途半端だなと感じています」（島根県・30代・女性）

　現代の脳科学では、「子どもは、自分にとって必要なものを判断する力が芽生え、発達していく」ということを前提に考えるので、もし主食を残してデザートを食べるという行動をしているならば、それはお子さんが「自分にとっては今デザートが必要だ」という判断をしているということです。それを尊重するというのが大前提なんですよ。

　で、ごはんが残っちゃうという悩みについては、お子さんが自分で自分のお茶わんによそう。あるいは、ママが「どれぐらい食べられる？」って聞きながらよそうといいんじゃないかな。しつけというか、親子の対話、コミュニケーションというふうに捉えたほうがいいですね。「どれくらい？」って言っても、最初はわからないじゃないですか。だから、たくさんよそっちゃうこともあるかもしれない。でも、毎日繰り返していると、だんだんわかるようになる。大人だって、バイキングに行って取りすぎちゃったり、デザートは別腹とかって言いますよね。大人がやっていることは、そりゃ子どももやりますよね。

好き嫌いをなくしたい

食べ物を警戒するのは、
雑食動物ならではの行動特性があるから。

外山紀子

　ヒトは、食性でいうと「雑食動物」。例えば、ユーカリの葉しか食べないコアラは「狭食動物」に分けられますけれど、雑食動物はいろんなものを食べられる。だから適応力が高いこともありますが、環境の中には毒を含むものもあるわけです。誤って毒性があるものを食べると、おなかを壊したり、ひどい場合には死んじゃうといったこともある。これを「雑食動物のジレンマ」と言うんですね。雑食動物は、「はじめて食べるものは、もしかして毒があるかもしれない。だから用心してかかろう」と、そもそも用心深い。新しいものはあまり進んで食べない、という行動特性を持っているんです。「子どもがあまり食べません」「はじめてのものをなかなか食べてくれません」というお悩みは多いんですけれど、「この子は『毒のあるものを食べないでいよう』という賢い行動をしているんだ」と、見方を変えることもいいかと思います。

　あとは、食べ物自体ではなくて、例えば「お母さんが食べさせるのがイヤ。私は自分で自由に食べたいのに」「スプーンはイヤ。私は手づかみで食べたいの」といったこともあるかもしれませんね。「手づかみ食べ」は、最近は「食卓が汚れるから」といってやらせないご家庭もあるかもしれませんけれど、そのへんは「駆け引き」というか「押したら引く」というか……そのへんのあんばいなのかなと思いますね。

お菓子でおなかがいっぱいに

子どもは、大人よりも
ずっと体に正直に食べるもの。

外山紀子

「子どもに『おなかすいた〜』と泣かれると、ごはん前に
お菓子やバナナをあげてしまい、あまりごはんが進まない
という悪循環に悩んでいます」(茨城県・30代・女性)

　お菓子は……あげちゃいますよね(笑)。ただ子どもは、大
人よりもずっと体に正直に食べるんです。大人の場合は、次の
食事まで6〜7時間と時間があくときにはたくさん食べよう
としますし、次の食事まで2時間だと少ししか食べない。頭
でコントロールして食べるんです。

　でも、子どもの場合、前の食事との時間間隔によって食べ
る量が変わってきます。たくさん時間があけばたくさん食べ
るし、少ししか時間があいていなければちょっとしか食べな
い。だから、おなかをすかせた状態で食事に臨めることが一
番の解決策なんですけれど、そうはいかないこともあります。

　例えば、ルールを決めて少しずつ守れるようにする、手順
を決める、といった工夫していくしかないかと思います。「食
事の前には手を洗う」「食べるときは一緒に準備をする」「配
るのを手伝ってもらう」みたいな手順ですね。あとは、自分
で育てたり収穫したりすると「僕が育てた、私が収穫した枝
豆」のように「固有名詞のある食べ物」になりますよね。「○
○ちゃんがゆでてくれた」といった固有名詞・エピソードの
ある食べ物に変えるのも楽しんでできる工夫かと思います。

食事の悩みの解決策

ごはんを食べることは楽しいですよね。そういう自分の身体感覚というものを取り戻すこと。情報も食べ物もいっぱいある時代だからこそ、「原点に返る」ことが大事なんです。

外山紀子

　食についての悩みがつきないのは、成長、健康、栄養、マナー、しつけ……といろんな要素が絡み合っているから。でも、子どもは子どもで、食べることはとても生物学的な行為なので、自分の欲求や気持ちのまま好き勝手に食べたいんですよ。つまり、子どもと親の対立や葛藤をそもそも含んでいるのが食事の場面なので、親の思うようにはいかないわけですね。前に「子どもの食行動は体に正直だ」と申しましたけれど、子ども自身も自分でコントロールしにくいことがあるので、長い目で見る、おおらかに構えることが大事なんだと思います。

　情報が多すぎることが、この時代の特徴です。食のことだけではなくて、しつけや勉強のことをネット検索すると、いかにも正しそうな情報があふれているわけですよね。あふれる情報の中で、自分で基準をもって判断していく……これはとても難しいことなんですけれど……それが必要になってくる。今の時代に子育てするのには、そういう大変さがあるのかと思います。

　ごはんを食べることは楽しいですよね。そういう自分の身体感覚というものを取り戻すこと。情報も食べ物もいっぱいある時代だからこそ、「原点に返る」といったことが大事なんだと思います。

食事中に気が散る

「遊んでるなあ」と思うぐらい。あとで片づければいいだけ。

小林よしひさ

「食事の時間が40分から50分もかかってしまって、もう大変。どうしたらいいですか？」（北海道・30代・女性）

小林よしひさ　これは、私も悩むところですね。なかなか集中してくれないときは多いですし、立ち歩くこともなきにしもあらずなので。あと、食事の後半で散らかしたり遊びだしてしまったり。でも、それでイラッとは私はあまりならないですね。「遊んでるなあ」と思うぐらいで、あとで片づければいいだけなので。妻の場合は、私よりも一緒にいる時間が長く、外で食事をすれば、ほかの人から見られる機会も多いと思うので、少し気にはしているみたいです。お互いにそれは気にしつつ、「リラックスしてやろう」とやっています。

外山紀子　最初は環境を整えることなんだと思います。例えば、甘いものは最後に出す、気が散るものは遠ざける。お子さんが足を踏んばれるようにイスの高さを調節する。踏み台をつくる。イスが大きすぎて体がグラグラする場合は何かはさむものをつくって調整する。食器メーカーがすすめる子ども用のスプーンやフォークが握りにくい場合もあります。言われるままではなく、実際に自分で使ってみることが大事だと思います。先ほど、よしお兄さんが「お子さんを観察することが大切だ」とおっしゃっていましたけれど、自分でいろいろ試してみるといいですね。

早くごはん食べて！

「スケジュール通りにごはんを食べる」というのは前頭葉の働き。でも、子どものときは、前頭葉はまだ働いていない。

茂木健一郎

> 「4歳の息子は、食事が終わるまでに1時間くらいかかります。マイペースに食べさせるべきか、時間を決めて終わらせてしまっていいのか、毎食考えてしまいます」（長野県・30代・女性）

犬山紙子　うちの子も、保育園では自分でちゃんと食べるんですけど、家だと集中して食べてくれないことがあり、すごく遅いんです。でも、私も子どもの頃、給食とかも最後まで1人で残っていたタイプだったので気持ちがわかるんですよ。私の場合、最初はゲームのように食べるのを促したりもしますが、「もう、自由に食べてください」みたいな感じでソファにゴロッと寝転がっちゃったりすることもあります。「ごはんをイヤな時間にはしないように」とは思うものの、時間がないときはそうも言ってられない……。悩ましいですね。

茂木健一郎　脳の研究者の立場からすると、「スケジュール通りにごはんを食べる」というのは前頭葉の働きなんです。子どものときは、前頭葉はまだ働いていないので「子どもはそういうもんだ」と思っていただけるといいですね。例えば「食堂ごっこをやろう」とか、子どもが興味を持つような仕掛けをつくってあげると、前頭葉の機能としてまだ自律的にはできないんだけど、それが代わりにはなる。まあ、ここは親の工夫のしどころですよね。

園への行きしぶり①

大人は理屈で納得したいから、「どうして？」って聞くんですよ。でも、行きたくないのは、どちらかというと感情でしょう？

青山誠

「4歳児が登園したがらないとき、どんな声かけをしたらいいのか悩んでいます。会社に遅刻しないかハラハラするし、説得する時間が本当に憂うつです」（福岡県・40代・女性）

なぜ行きたがらないのか、その理由はいろいろあると思うんです。行く気配があって泣きはじめる子というのは、実は心の準備をして泣いているということもあります。助走みたいなものというのかな。急に切り替われない。でも、わかっているから泣くわけです。それから、特に理由がないという場合もあるかも。大人もそうでしょう？「今日、なんか行きたくないな」と。大人は理屈で納得したいから、「どうして？」って聞く。すると、子どもは理由を言わなきゃいけなくて、「○○ちゃんが昨日、こんなことをやったんだ」とか言うんです。それはママを説得しようと思っているからなんですね。でも、行きたくないのは、どちらかというと感情でしょう？　大人は理由を聞いてそれを解決してあげようとするんだけれど、多分子どもは感情で、「ママとくっついていたい」とか「もうちょっとゆっくりしたい」とか「テンポが違う」とかなんです。「ママは仕事へ行かなきゃいけないんだ」「自分のことを嫌っているから預けてどこかへ行っちゃうわけじゃない」ということもわかっているんです。毎日のことだし。

園への行きしぶり②

子どもが「園に行きたくない」とぐずったときは、「えー、やだー」と言うのも手。

青山誠

　子どもが「園に行きたくない」とぐずったときは、「えー、やだー」と言ってみましょうか（笑）。「行ってくれないと困る」と。親だって都合があるわけですから、しょうがない。園に抱えて行って「お願いします」と預けちゃえばいい。そこからは、どーんと園にまかせてください。それで、あとから担任の先生に「泣いて別れたあと、どうでした？」と聞けばいいと思う。

　子どもというのは、大人もそうだけれど……ママやパパとか一番大事な人に、その日のモヤモヤを話したい。寝る前とか、お風呂のときに。だけど、言われたほうは、それがその子のその日のすべてだと思うでしょう？「今日、1人で遊んでいたんだ」とか「○○ちゃんがいじわるしたんだ」とか。でも、楽しかった1日の中でちょっと重たかったことを安心な人に話しているってこともあるんです。8～9割は、子どもは話せてホッとしていると思うんです。だから、それが全部ではないと思っていい。詳しいところは、園と連携していろんな情報をやりとりしていけばいいと思います。保育者の私たちに、おまかせください！

子ども同士のトラブル

「子どもの気持ちとママの気持ちは別物」と 考えること。

青山誠

「幼稚園で、子どもが特定の友だちとうまくいっていないとき、先生に伝えて状況を確かめたいけど、面倒な親と思われたくないし、子ども同士で解決するまで静観すべき？と思うと、誰にも言えず、自分1人で葛藤しています」（大阪府・30代・女性）

屈託なく先生に聞いていいと思うんですよね。「どうでしょうか？」って。ここで注意しなきゃいけないのは、「子どもの気持ちとママの気持ちは別物」と考えること。子どもの気持ちは、ママに打ち明けたことで、もうすっきりしているかもしれない。翌日、「行ってきます」と言って、いそいそと靴を履いているようなら、子どもの気持ちはそこですんでいるのかなと思います。

ただ、園での様子が見えないママは不安ですよね。だから、ママの気持ちを整理するには、担当の先生に聞く。「こんなことを言っているんですけど、実際のところ、どうなんですかね？」って。聞かれて面倒なんて、全然思わないですよ。逆に、おうちのことは僕らは見えないから、むしろそちらの情報をたくさん知りたいです。「うちの子、こんなことを言っている」というのをたくさん聞いたほうが、僕らは対応の手数もたくさん増えるので、何でも言っていただけたらと思います。

ケンカが多くて心配

子ども同士のケンカは「悪」じゃないんですね。それなしでは育たないから、全然ネガティブなことではないんです。

青山誠

「子どもが園でお友だちとケンカをし、謝罪電話をすることが続いています。またケガをさせてしまっているのではないかと、お迎えが怖くなることがあります」(埼玉県・30代・女性)

子ども同士のケンカは「悪」じゃないんですね。それなしでは育たないから、全然ネガティブなことではないんです。よく見ていると、ケンカできる間柄でしかケンカしないんですよね。ケンカすると、なおさらそういう間柄になる。兄弟なんかは特にそうだと思うんだけど……。子どものほうの事情を言うと、加害でも被害でも乱暴でも何でもなくて、ことばが追いつかないから手が出ちゃっているだけなので、全然悪いことじゃないんです。保育園に来て、その間柄でケンカが起きているわけなので、お母さんのせいじゃないし、ましてやお母さんの子育てのせいでもない。謝る必要も本当はないです。子ども同士の社会もあるわけだから、そこで起こったことはその場で解決しないと！　家に持って帰ってLINEだの電話だのじゃ解決しないですよね。でも、大人として謝らないと気がすまない、気まずい……という場合は、とりあえず「ごめんなさい」と言っておけばいいと思います。

これはおもちゃにしないで！

大人と子どもで一緒に考えたら
いいんじゃない？

新沢としひこ

「子どもが本を、おもちゃとして遊んでいたらどう思いますか？」（東京都・50代・女性）

　柴田愛子さんが代表を務める保育施設で3歳児保育をしているとき、子どもたちが絵本を敷き詰めて道にして遊んだことがあった。僕が「やめて〜！」って言ったら、柴田さんは「あら、どうして？」って言ったの。僕が「大事な本を踏むなんてありえない」と言うと、柴田さんは「本もおもちゃの1つなんだから、子どもがどう使ってもいいんじゃない？」と。それで、子どもたちもやって来て「どうすべか？」ってなった。柴田さんは、「私はみんなが本を踏んでもいいと思ったの。でも、とし兄ちゃんは本が大好きだから、みんなが踏んだりするのがイヤなんだって。みんな、どう思う？　とし兄ちゃんの話を聞いてみましょう」って言ったのね。それで僕は「みんなが大事な本を踏むのはイヤです」って話したの。そしたら子どもたちが「とし兄ちゃんの前ではやめよう」となった。だけど、そのことがあってから、僕も柴田さんも、改めて本の扱い方を考えるようになった。それがとても心に残ってるんです。だから大人と子どもで一緒に考えて、新しいルールをつくっていけばいいんじゃない？　でも、自分が本を大事と思ってるのに、「子どもの自由だからいいよ」って言うのは違うと思う。自分の心に従うのが大事なんだと思う。

きょうだいの遊ばせ方

下の子に合わせるよりは、上の子の遊びに下の子を巻き込むようなイメージで。

てぃ先生

　年齢差のある子どもたちを一緒に遊ばせるのが難しいと悩む親御さんがいらっしゃいますが、下の子の遊びにレベルを合わせてしまうと、上の子がものすごくつまんなくなっちゃうんですよね。そうすると「ヤダヤダ、それヤダ」となっちゃうので、余計に大変になってしまうと思います。

　下の子は、自分がふだんやっているものよりも難しいもののほうが、興味を持ったりするんですよね。だから、下の子に合わせるよりは、上の子の遊びに下の子を巻き込むようなイメージのほうがいい。ただ、できないこともあると思うので、上の子がやっている遊びの中でも、ここさえ手伝えば下の子も一緒にできるな、という部分を見つけて付き添うといいと思います。

　また、何でも下の子から親御さんが入ってしまうと、「また弟・妹が先だ」となっちゃって、お兄ちゃん・お姉ちゃんがどんどん下の子嫌いになっちゃいますよね。なので、上の子からつきあうと、「下の子がいても、ちゃんとママ・パパは私のことを見てくれているんだ」という安心感から、お兄ちゃん・お姉ちゃんとしての余裕が生まれてきて、ゆくゆくは下の子に対しても優しく接することができるようになっていくんじゃないかなと思います。他人に優しくできるのは自分が満たされているとき。これは大人と一緒です。

上の子の気持ち①

「お誕生日には、ママと２人だけの時間が ほしい」って言ったんです。

福丸由佳

「下の子が11カ月。お兄ちゃんは４月から２年生。ますます生意気になり手を焼いています。自分自身、上の子に厳しくなりすぎているのも感じています。私と息子が倦怠期（けんたいき）の夫婦みたいな、そんな日もあったりします」（東京都・30代・女性）

　上のお子さんは、きょうだいができると、「嬉しい」と言いながら、一方で、人生最大の危機ということも少なくないかと。だって、ママも取られちゃうし、みんなの関心も下の子にいっちゃう……なんだこれは!?　って感じですかね。

　自分の体験になりますけど、うちは息子が７歳になる少し前に妹が生まれたんですね。で、彼に「お誕生日に何がほしい？」って聞いたら、「ママと２人だけの時間がほしい」と。そうかぁって、私もハッとして。確かに、子どもにとっては100あったものが50くらいに減ったような感じなんですかね。で、その年のお誕生日は、息子と２人きり、のんびり遊んで、「内緒だね」って外食に。自分とママ、２人だけの時間って、子どもにはこんなに嬉しいものなのだと教えられました。

　この息子さんも生意気に見えるけど、実は関心を向けてほしいと思っているのかな。このくらいになると、「ママ、僕のことも見てよ」って素直に言いにくいでしょうしね。上のお子さんって、ちょっと特別感というか、秘密ねって言われてママとの時間を持てると、きっと嬉しいだろうなと思います。

上の子の気持ち②

「あなた、がんばってるねえ」と 上の子の気持ちを受け止めてあげる人が必要。

柴田愛子

「下の子が生まれてから、4歳になる長女の様子がおかしい。ちょっとしたことで機嫌を損ねて泣いたりわめいたり。もっと明るくて素直な人間だったような気がするのだけど……」（埼玉県・30代・女性）

だって、ついこの間までおっぱいを独占してたのに、なんか妙なものが出てきて奪い取られたわけでしょう？　4歳ぐらいの子に「赤ちゃん生まれてさ、嬉しい？」って聞くと、「うーん。なんか、ママが違うことになった」って言うのよ。「一緒にお風呂に入らなくなった。寝るときに絵本を読んでくれなくなった。寝るときに見るのは、ママの背中」って。だけどやっぱりしょうがないの。どうにもしてあげられないんですよ。だから「あなた、がんばってるねえ。赤ちゃんって、すぐおなかすいて、すぐおっぱいだから、ママは毎日寝不足でほんとイライラしてんのよねえ。でも、ママ以上にがんばってるのは、あなたかもしれないねえ」って言いました。

ママに余裕がないんだから、幼稚園の先生でもいいし、おばあちゃん・おじいちゃんでも、お父さんでもいいから、その子の気持ちを受け止めて「赤ちゃんが生まれて嬉しいけど、なかなかしんどいよね」って言う人が、いてほしいわけです。やっぱりこの子は、お母さんの手をわずらわせたいのよね。「私、いるんですけど」ってサインを出しているのよね。

上の子の気持ち③

「ごめんね」っていうことばを、 「ありがとう」に変えてほしいと思うの。

柴田愛子

「下の子のお世話で上の子のことや家事が何もできない。私のイライラが上の子への口調に表れてしまうのも申し訳なく、『ごめんね』の気持ちでいっぱい。いつも心で泣いている」（愛知県・30代・女性）

　この方は、完璧に上の子にも下の子にも愛情かけてって、気を遣いすぎていると思うのね。家族って、チームなんだと思うんですよ。チームが１人増えた分を、お母さんだけじゃなくてみんながちょっとずつ我慢しなくちゃなんないんです。だって、ワカランチンの泣いてるだけの子がいるわけだから。
　この「ごめんね」っていうことばを、「ありがとう」に変えてほしいと思うの。上の子が寂しそうだったら、「我慢してくれてありがとね。お母さん、もうすぐ行くからね」って。だって、我慢してくれてるわけじゃない、チームとして。「ごめんね」って言うのは「私が申し訳ない」だけど、「ありがとうね」って言うのは、「上に生まれた宿命でこんなことになっちゃったわよね。でもあなたもチームの大事な一員なのよ」っていう気持ちが込められていると思うのよね。

「今も死ぬのって怖いよ。でも、どうしたら怖くな くなるかわからないんだよ。一緒に考えようよ」

工藤直子

うちの子が4歳くらいの頃、「死ぬのが怖い」って泣きやまなくなったことがあったのね。私は切羽詰まっちゃって、「心配するな。あんたは死なん」って言ったのよ。あとで、谷川俊太郎さんにその話をしたら「そういうウソはついちゃいけないよ」っておっしゃってたけど（笑）。そのうち、「お母さんもか？」って聞かれたから「もちろんだよ」。「お父さんもか？」「モチのロンだよ」って答えてた。

そんなときに、絵本を読みました。子どもの大好きな恐竜の絵本で、「恐竜はみんな死に絶えました」というので終わってた！　そしたらある晩「死ぬのが怖い」で泣きやまなくなって、いつもの通り「あんたは死なん」って言ったら、「でも、恐竜は死んだじゃない！」って言われてさ……「すいません」って謝ったよ。「実は私もあんたと同じぐらいのときに、すごく怖かったんだよ。今も死ぬのって怖いよ。でも、どうしたら怖くなくなるかわからないんだよ。一緒に考えようよ」って言ったのよ。そしたらさ、泣きながら「一緒に考えよう」って……。

親って、何でも正確に答えなきゃって思っちゃうけど、自分の感じでいいんじゃないかな。今は忘れてるかもしれないけど、ちっちゃいときにしか感じられない感性ってまだリアルに感じていると思う。そのあたりの感覚でチビたちと一緒に遊ぶと、もっと面白いことを言ってくれると思うよ。

2章
みんな、子育てに悩んでる

子どもの必須アイテム

穴、水、棒は小さな子どもの三種の神器。

汐見稔幸

そう考えるとラクになる？

離乳食を食べる・食べさせるというのは、
二人羽織をやっているようなものです。

外山紀子

うまくいかなくて当たり前

悩まない、後悔しない子育てなんてものはありません！
大体、いろんなことがうまくいかないもの。こんなにうまく
いきましたなんて人は、私のまわりにはどなたもいらっしゃ
らないし、多分そういうものなんだろうと思っています。だ
から、ちゃんと「大変！」と言えるのがいいですよね。

大豆生田啓友

お母さんはただ、
子どもを抱きしめてあげるだけでいい

あまんきみこ（児童文学作家）

　私は20歳で結婚。22歳で長女、24歳で長男を産みました。母を19歳のときに亡くしていましたから、自分がお母さんになって、ちゃんとできないんじゃないかっていう不安感はありました。でもね、赤ちゃんを抱きしめたときに、「あ、母はこんな気持ちで私を抱きしめたんだな」と思って、母と私と子ども、暮らしが何重にも重なる……そんな感覚がありました。子育てをしながら、私と母をいつもいつも重ね合わせ、母の生き方みたいなものを私の中に感じていました。

　夫が割に厳しい人だったので、私はちょっといい役をさせてもらいました。あんまり怒らないで過ごせた。今思えば感謝しています。ただ、自分がダメなお母さんというか、子ども好きで子どもと一緒に遊ぶのは大好きだけど、何かとっても心細い。「これでいい！」っていう感じは持ってなかったんです。わからないものがいっぱいあって学びたいと思った。不思議なことに、人間って一生懸命にこうなりたいって思っていると、向こうから見えてくるんですね。私の場合は通信教育でした。「これだったらあんまり迷惑をかけないで勉強できる！」、それが児童学科で学ぶことになったきっかけです。

自分の中の理想の母親像を追いかけていた

　大学で印象に残っているのが、精神検査という授業です。ちょっと難しそうでしょう？　みんな数字で、概数で。いろん

な家の母親と父親の様子が描かれていて、その子どもの長所と欠点が数値化されているっていう授業だったんです。そのデータを見ると、理想的と思われる親の子であろうがそうでなかろうが、長所と欠点が同じに出てくるんです。それを知って、スーッと体の力が抜けました。

　私はやっぱり自分の中で理想的な母親を追ってたと思うんです。ちゃんとしてやらなくちゃ、ちゃんと子どもたちを育てなきゃっていう。そんな理想的な母親像を一生懸命追っかけると、くたびれるんですね、ときどき。その授業を受けて「そうか、私は私のままでいいんだ。ごめんねって言うときはごめんねって言おう。その代わり、全部子どもに見られてもいい形にしておけばいいんじゃないかな」と思って、フッと心がラクになった。どれだけ変わったとかそんなのわからないけど、「うわ〜大変だ、大変だ」って思わないでゆったり構えられるようになった気がします。

「いいお母さんになりたい」と思わないで

　子育て中は、一生懸命がいっぱい空回りしていた部分はあったと思うけど、私ね、どっちかっていうと "お気楽トンボ" みたいなところもあるのかしら？　楽しいことしか覚えてないところはあります。ときどき「大変だ！」と思ったら、ちょっとゆるめることが大事かもね。それで旦那様に、ちょっと厳しくなってほしいときはなってもらわないと……。そこらへんは、やっぱり夫婦で育ててるんだもの。お母さんだけが育ててるわけじゃないからね。

　娘がうちに子ども3人を連れてきたときに、3人がケンカをはじめたの。で、娘がガミガミ怒ったわけ。そこはまあ私も、

そんなときに口を出してはいけないとわかってるのよ。でも、お台所で何かしてるときに娘が手伝いに来たから、それこそ誰にも聞こえないように、「あんなに言わなくてもいいんじゃない？」って、ちょっとひと言いました。そうしたらね、娘がワーッと泣いたんです。「お母さんはいいわよ、お父さんが厳しかったから。だからお母さんはいいわよ」って。そしたら、孫どもがぞろぞろと来てね。ものすごく娘のことを心配しはじめて……あれにはまいりました。

　私ね、お母さんたちにがんばってほしいけど、そんなにいいお母さんになりたいって思わないでほしい。だって、理想的な母親と理想的な父親だったら、もちろん、いい子どもができるでしょうけども、欠点も出てくる。それで、いいじゃないですか！　お母さんはそのままで、ただ愛情で子どものことを抱きしめてあげてほしい。

　いっぱいの人の中で読んでもらう本も楽しいけど、抱いてもらって、膝の上で読んでもらう楽しさは格別。なんにもことばがなくても彼らの中には残っているし、覚えてるもの。そういうことだけを気をつければいいと思うの。

子どもをただ、
見つめよう

「ありのまま」のその子を受け止める
魔法のことば

子どもの苦手と得意は表裏一体

個性という宝物を持って生まれてくるので、それをどう生かすかということを考えるのが子育て。

茂木健一郎

「子どもを比べちゃいけない」。脳科学をやっている人間としても、本当に声を大にして言いたいことです。

例えば、相対性理論をつくったアインシュタインは、伝記によると、4〜5歳までほとんど口を利かなかった。実際に話すときも、まず「ママ、サンドイッチ、食べていい？」と話す練習をしてからやっと話すぐらい、ことばの発達が遅かったということがわかっているんです。でも、まさかアインシュタインが、のちに物理学の歴史に革命を起こすようなことをやるなんて、その時点で思わないかもしれない。

それぐらい、苦手なことと得意なことが表裏一体になったものが個性なんですよ。つい「うちの子はあれができない」というところに目が行っちゃいますけど、脳科学の個性の考え方からすると、そこは大切なところではないんです。

子どもの個性は、ママ・パパの責任ではないんですよ。そういう個性という宝物を持って生まれてくるので、それをどう生かすかということを考えるのが子育てなんです。

子どものいいところを見つけられると、子育てはうんとラクになるんです。

汐見稔幸

　小さな手帳でいいので、寝る前にたった２、３行でも、その日のことを書き留めておくといいと思います。そういう振り返り。ほんの10秒20秒でいいんです。何を書くかっていったら、その日の子どものことで「頭に来た！」ということではなくて、「今日１日で、あの子の面白かったところ、こういうところがよかったなってこと、何があったかな……」って思い出して、ちょこちょこっと書いておく。要するに、子どものいいところを見つけられると、子育てはうんとラクになるんです。

　でもそれは、意識的に見ないと見えないです。例えば、さんざん叱ったのに次の日にはケロッとしてると、「効果ないのかな」って思うじゃないですか。でも、それを逆に見るわけ。あれだけ叱ったのに次の日ケロッとしているとは、「意外とたくましい」と。ほかにも、あんなに時間がかかってぐずだなあって思うんだけども、「とても丁寧だから将来は職人かな」とか、そういうふうによく見ていくわけです。そうすると子どもがすごく見えてくる。と同時に、「子どもをよく見ている私は、うん、まあ、ちゃんとやってるじゃない」っていう気持ちにもなるのね。だから毎日じゃなくてもいいので、あとで振り返ったときに、「必死な中で私、よく書いたわね」っていうような育児日記を、皆さんにおすすめしたいですね。

つい、比較してしまう

ほかの子と比べるのではなく、「お子さんの中での伸び」に目を向けるほうがいい。

遠藤利彦

「ほかの子とうちの子を比べてしまうのは、これくらいできないと、この先の人生、苦労しそう……という、親の生存本能からくる警告に思えてしまうからなのではないでしょうか」（神奈川県・40代・男性）

小林よしひさ　わが家では「絶対に、ほかの子と比べないようにしようね」というのは決めているんです。夫婦の会話にしても、子に対して話すときも、それは言わないようにしているんです。でも、比べて見てしまうこともあると思います。「今、この子に何かしてあげられるのは私しかいない」と思ってしまうと、ものすごく責任感を持ってしまうんですよね。

遠藤利彦　ほかの人が気になる、ほかのおうちのお子さんが気になるというのは、人間だから仕方がないところがある気がします。ただ一方で、ほかのお子さんと比べるよりは、お子さんの過去と今、どう違っているのか……「1週間前より、今はどう変わったかな？」「昨日より、今はどうなったかな？」という目を持つ。「お子さんの中での伸び」に目を向けるほうがいいという気がします。お子さんが何かをがんばった、その結果として少しでも何か伸びがあったとしたら、それをしっかりと見てあげて、「がんばった分だけ、ここが伸びたね」とフィードバックをちゃんとしてあげることが、お子さんの自信につながっていく気がします。

3章　子どもをただ、見つめよう

外向的じゃなくてもいい

子どもの内向的なところを、これまでは「直そう」と思っていたんですけど、「尊重してもいいかも」と思いました。

山崎ナオコーラ

巣ごもり生活で「ずっと家の中にいたら、ストレスがたまり続けるんじゃないか」と最初は想像していたんですけど、うちにいる4歳児は家の遊びが好きで、粘土とか折り紙とかお絵描きとか、図鑑をずっと読んだりしていて、平然としていました。病気が流行っているのも理解している。思ったより平気だったんですよね。私も一緒に図鑑を読んでいるうちに、動物や深海魚や恐竜に詳しくなりました。

私自身も内向的で本を読むのが好きなものですから、意外と平気で、むしろ「これからまた日常がはじまる……」というときのほうがストレスがたまりました。ドキドキするというか、「はじまるんだな」というのが自分にとってはストレスでした。それで、「これまでの社会は外向的な人向けだったんだな。内向的な人にとっては、ストレスがたまりやすい社会だったのかもしれない」と、気づいたんです。

私も子どもの内向的なところを、これまでは「直そう」と思っていたんですけど、「尊重してもいいかも」と思いはじめました。日差しを浴びたり、人とコミュニケーションを取ったりすることは最低限必要ですけど、内向的な人の生活も尊重する社会になってもいいのかも、と思いました。

子ども1人1人を見る

さすが写真家さんだなと思ったの。
対象別にちゃんとフォーカスして、
ズームアップして見ていらっしゃいますね。

大日向雅美

加瀬健太郎　長男のときは、はじめての子だったのでがんばっていて、「あかんあかん」と、いろいろ言っていたんですよ。そうしたら、何でも「あかんあかん」みたいに自分で言うようになったので、今はどちらかと言ったら「ガンガンやって失敗しいや」「もっとやれやれ！」みたいな感じで言ってますね。次男は、すぐすねちゃう。何を言ってもすぐすねて「エーンエーン」となるので、ちゃんと説明して、「これはこうやから、こうしたほうがええんちゃうか」と言うようにしてます。で、三男はすぐ泣いちゃうんですよ。「それ、あかんで」と言うと泣くので、なるべく優しく言うようにしています。関西弁だとちょっときつく感じるらしいので、なるべく標準語で言ってます。1歳にならない四男は、まだ叱ることもないですね！　僕のことが大好きですし、「えこひいきしていこうかなあ」と（笑）。

大日向雅美　さすが写真家さんだなと思ったの。対象別にちゃんとフォーカスして、ズームアップして見ていらっしゃいますね。四番目のお子さんだけズームアップ・フォーカスが甘いかしら？（笑）

お母さん・お父さんが、子どもがいろんなことに
チャレンジできるような支え、安全基地になる。
これが一番大事なこと。

茂木健一郎

　脳科学的には、いわゆる「安全基地」といって、お母さん・お父さんが、子どもがいろんなことにチャレンジできるような支え、安全な基地になる。英語では「セキュア・ベース(Secure Base)」って言うんですけど、これが一番大事なことだというのは、ほぼコンセンサスがあるのかなと思いますね。いわゆる「愛着」、お母さん・お父さんに甘えるというのも「愛着」なんですが、その「愛着＝アタッチメント(Attachment)」がうまく形成できていると、子どもにとっての「安全基地」ができているということになります。

　幼少期に一番大事なのは、温かく見守ってあげることだと言われています。いわゆる「自己肯定感」というものも「安全基地」から生まれてくるので。

　どうしても今はとても真面目なお母さんが多くて、「早期教育しなきゃいけないんじゃないか」って、そっちのほうでしゃかりきになっちゃって、「安全基地」のような温かい家庭が大事だってことを忘れちゃうケースがあるようです。そうすると逆に、子どもはいろんなことにチャレンジができなくなっちゃうんですよね。

子どもにとって大事なのは、
"ほめことば"じゃなくて"ほめ態度"。

茂木健一郎

「ほめて育てるとよいと聞くが、ほめすぎると甘やかしているようで、ほめ控えたり、ほめたあとにたしなめたりしてしまう。どこまでほめたらいい？」（東京都・40代・女性）

　われわれ脳科学をやっている人間からすると、「ほめる」ということの内容に、ちょっと誤解があるのかなと思っています。子どもの脳は、まだ大人ほど社会的な認識がないんですね。例えば成績だとか、○○賞とか、そういうことについての興味はないわけです。では何に一番興味があるのかというと、お母さん・お父さんの目がどこを見ているか、自分を見ているかどうか。いわゆるアイコンタクトをどれくらいされているかなんです。

　例えば、洗い物をしているときに、子どもが「ママ、見て！」と言ったとしますよね。そのときに、洗い物の手を止めて「どうしたの？」って、子どもと目線を合わせてアイコンタクトをすると、それが実はほめることに相当するんですよ。脳の報酬系、ドーパミン系というところの活動を見ていると、見てあげるだけで子どもにとってはほめられているのと同じ、ということがわかる。大人が思っているほど、ほめていることば自体が重要じゃないんですね。子どもにとって大事なのは、"ほめことば"じゃなくて"ほめ態度"。「ちゃんと見守ってもらっている」ということのほうが大事なんです。

ほめるのが苦手という方もいます。そういう場合は子どものことばを繰り返す、やってることをそのままことばにして、「見てるよ」とか「関心を向けてるよ」っていうことを示すことでもいいんです。

福丸由佳

　ほめるって案外、難しいですよね。自分もほめられなかったし、ほめるのは苦手という方も少なくないかと。そういう場合はほめることにこだわらず、子どもの何気ない会話を繰り返す、やっていることをそのまま言葉にするなど、「関心を向けてるよ」ってことが伝わるだけでもいいんです。例えば「タワーつくったよ」と言われたら「タワーつくったんだね」と繰り返す。素敵だなと思ったら、「素敵なタワーをつくったね」と。靴をそろえて脱いでいたら「靴をそろえて脱いだね」と、気づいていること、見ていることを伝える。それで「いいな」と思ったら、「そろえて脱げてえらかったね」と、気持ちをそえてみると、具体的にほめることになりますね。

　最初は難しいかもしれませんが、お互いにあたたかい気持ちになれるかと。意識するのは1日5分でいいので、いいところやふつうにできていることに注目して声をかける。小さいお子さんには、特に楽しい遊びの時間がいいと思います。

　こんなふうに、いいときにこそ注目して肯定的な関係を意識すると、子どもも嬉しいし安心できるので、大人の指示にも従いやすくなるようです。また、指示を出すときは、わかりやすくっていうのも大切。例えば、「走っちゃダメ！」というより「ゆっくり歩いてね」と肯定文で伝えたほうがわかりやすいですよね。ちょっとした工夫で子どもと大人の関係って変わるんですよね。

「なんでそんなに自己肯定感が高いんですか？」と聞かれたことがあるんですが、それは、子どものときに否定されていなかったからじゃないかと思っています。

茂木健一郎

　僕は「勉強しろ」って言われたことが、一度もないんですよ。勝手に勉強していました。いわゆる受験のために「勉強しなさい」って言われて、イヤイヤながら勉強していたお子さんとは体験がもともと違っていて。ある心理学の専門家に、「茂木さん、なんでそんなに自己肯定感が高いんですか？」と聞かれたことがあるんですが、それはおそらく、子どものときに否定されていなかったからじゃないかと思っています。

　例えば、小学校へ上がる前から、蝶の学会に入って研究していたんですけど、そのときに大人たちから、「いや、健一郎、大人になって蝶の研究なんかしても食えないからやめなさい」とか、「医学部を目指しなさい」なんてことは、一度も言われたことがないですからね。

　幼少期のいろんな習いごとを、子どもの目の前に置くことは、親しかできません。で、そのときに子どもが何に手を伸ばすかというのは、子どもにまかせる。ひと通りメニューは示して、あとはちょっと様子を見て、「どれに行くかな？」って見守る、応援するというスタンスでいいと思いますね。

子どもをただ、見つめよう

子どもがお絵描きや工作などの「プロジェクト」をやっているスペースを、「そこはお片づけしなくていい」というふうにすると、子どもの創造性は一気に伸びます。

茂木健一郎

実は今、「探究学習」とか「プロジェクト型学習」というのが注目されていまして。お子さんがお絵描きしていたり工作していたりとか、「プロジェクト」をやっているスペースを、「そこはお片づけしなくていい」というふうにしていただくと、子どもの創造性は一気に伸びます。芸術大学とかでも、アトリエがあって、作品制作中、学生はそこをずっと使えますよね。子どもたちも実は、1日終わったら1回片づけて、また最初から……というと、長く取り組むプロジェクトができないんです。

家の一角でいいんですけど、ぜひそういうスペースをつくってあげると、「芸術は爆発だ！」になります。ご家庭に「そんな広いところはないよ」って言われるかもしれないけど、どこかで確保していただけると、一気に子どもたちの創造性が伸びますよ。最初はミカン箱くらいの小さなスペースでいいんです。

「勝手に大人が読みはじめれば寄ってくる」 作戦が、ちょっとうまくいってるんですよね。

水野美紀

うちは旦那がイラストレーターもやっているので、もともと絵本をたくさん持っていて、「子どもが大きくなったら読み聞かせるんだ」って新たに買い足したりもして、大量にあるんですけど。やっぱり、2ページぐらい読むと「おーしまい」ってパタンと途中で閉じられてしまうという日々が続いています。

一生懸命「ほら、絵本読もう」って誘っても全然乗ってきてくれなかったんですけど、旦那のお父さんが「勝手に大人が読みはじめれば寄ってくるから」というのを聞いて、その作戦をつい最近試したら、ちょっとうまくいってるんですよね。こっちが勝手に絵本を開いて声を出して読みはじめると、「なぁに？」って近寄ってきて一緒に見てくれるんです。あんまり興味がない絵本だったりすると、すぐどこかに行っちゃうんですけど、興味を持ってくれる本だと、最後まで聞いてくれたことも1回ありました。

ちょっとしたやり方を工夫すると子どもの反応が変わってくるので、いろいろ試さなきゃいけないんだなと思いますね。

子どもの遊びって、
形を残さないで記憶にとどめて「バイバーイ」
って、そういうもんだよね。

荒井良二

　お金をかけずに家で楽しめる遊び……。その場に何が一番多くあるか、そこから判断すると思いますね。木の枝がいっぱいあるなら「木の枝を使おうか」とか、ロープがいっぱいあるなら「ロープを使おうか」ってそんな感じです。何か購入するよりもそこにあるものを使って遊んで、元に戻して「バイバーイ」っていうのが理想ですね。子どもの遊びって、形を残さないで記憶にとどめて「バイバーイ」って、そういうもんだよね。"今日の気分"が大事かなと思います。思い出づくりじゃないと思うんだよね、遊びって。だから「ダメ」って言わないですよ。「そうしたいんだろうなあ」「続けたほうがいいな」ってことを瞬時に判断する。

　それで、それをいかにクールダウンさせて遊びに「バイバーイ」ってさせるのかをいつも考えている。はじまった瞬間に、終わりはこうするだろうなっていう選択肢を、多分僕の中で用意してあるんだと思うんです。「この子は今日はどっちに行くんだろう」って、反応を見ながら進めていきますよ。なかなかやめたがらないときもあるけれど、それを終わらせるのが大人の役目というか……。「そろそろおなかすいたでしょう？」っていうふうに話をスライドさせて案内しないといけない。だって、僕は先生じゃない。遊びの案内人ですから。

私、やっぱり子どもは遊ばなくちゃいけない
と思ってるんです。

柴田愛子

　私、やっぱり子どもは遊ばなくちゃいけないと思ってるんです。コロナにならないように慎重になりすぎて、心と頭ががんじがらめになっちゃって表情がなくなっていくのはできるだけ避けたいので、あらん限りの工夫をしながら保育をはじめているんです。施設がそんなに広いわけではないので、いくつかに分けたグループの1つは必ず外、とかね。でもリュック背負ってカッパ着て、子どもは雨の中でもすごく元気に水遊びしてますよ。子どもは子どもに元気をもらってるんだと思います。

　実はいつも5歳児を丹沢の川遊びに連れて行って1泊してくるんですけれど、もう、悩んで悩んで、でも自然の中に連れて行きたくて、先週行ったんです。マイクロバスを2台借りて密にならないようにして、サービスエリアのたびに止まって換気をして、乗るたびに消毒もして。現地に着いて、川遊びをしている子どもを見るとね、やっぱり輝いてるんですよ。「カニだよ、カニだよ！　ぼく、ほんもののカニ、はじめてだよ〜」って。自然に触れて心を動かすことも補っていかないと、子どもの元気は保てないなと思って、もう何か「命がけでやってます」って感じです。

習いごとに対する子どもの本音

子どもが「やりたくない」と
言えるのはいいこと。

大豆生田啓友

「親子体操、スイミング、お習字、ピアノなど、『いつか
役に立つから』との思いで励まし付き添ってがんばってき
たのですが、大人になってから習いごとが苦痛だったと言
われ、申し訳ないことをしたと反省しています」(鹿児島県・
60代・女性)

　親も、そのときは一生懸命なんですよね。だから、この問
題って難しいんですけれど……。僕は、子どもたちの自己決
定も大事かなと思っています。子どもって3歳ぐらいになっ
てくると、だんだん親の気持ち、親の期待に沿おうともする
んです。それに一生懸命合わせようとするので、親は子ども
の本心が見えにくくなる。で、あとになって「やりたくなか
ったんだけど……」と。親からすれば「いやいや、あなたが
自分でやるって言ったじゃない」って思うかもしれないけど、
子ども側からすると、親に合わせていたってことなんですね。
　もし、「自分の親みたいになりたくない」という気持ちがあ
って、「自分も子どもにそうしているんじゃないか?」と思
ったときは、子どもが自分で決めているかどうかを問うのが
大事なことかなと思います。「小さい子だから決められない」
ではなくて、あの子たちも「楽しい」「つらい」ということ
をちゃんと言えるので、そこは大事にしてほしい。子どもが
「やりたくない」と言えるのはいいことなんですよ。

乳幼児期の習いごとが必要かどうか ということで言えば、「絶対に必要だ」と 言えるものではありません。

遠藤利彦

　乳幼児期の習いごとが必要かどうかということで言えば、「絶対に必要だ」と言えるものではないと思います。特に習いごとをしていなくても、子どもの心と体の健やかな発達は、その後ちゃんと進んでいきますので。どちらかというと、「どういう形で、どういう気持ちをもって習いごとをするか」というところで、違いが出てくる可能性があると思いますね。

　ただ1つ言えることは、私たち大人は習いごとを「遊びとは違うものだ」という受け止め方をするわけですけれど、子どもにとっては「楽しければ全部遊び」になるんだと思います。大人が「習いごと」と考えるものでも、子どもが喜んで行って、一生懸命取り組んで、喜々として帰ってくるようなことがあれば、もしかしたらそれは、お子さんにとっては「おうちではできない遊び」を外に出かけてやっているようなものだとも言えます。だから、その習いごとがお子さんにとって「遊び」になっているかどうか、「楽しんで、自発的にやっているかどうか」という観点で見ていただけるといいと思います。

　受け身的に「やらされている」という状態だと、その習いごとはかえってお子さんの気持ちにはマイナスに作用してしまうこともなくはない。前提として、お子さんが自発的にやって、楽しい気持ちになれているかどうかが大切だと思います。

子どもをただ、見つめよう

「非認知能力」を伸ばす

考えるための基盤は、遊びを通して子どもの中に備わっていく。

遠藤利彦

　最近の世界全体の幼児教育の基本的な考え方では、頭のよさや出来、IQで測ることができる力、いわゆる「認知的な能力」よりも、それ以外の何か大切な力、これは「非認知」ということばで総称することがありますが、そうした心の力をしっかりと幼少期に身につけておくと、結果的には子どもが幸せになれたり健康になれたりする。さらに言えば、その後、子どもたち自身が認知能力や学校の成績なども高めていく傾向があるということが、多くの研究からわかってきています。「非認知」とは何かというと、「自分のことを大切にして、適度にコントロールができて、もっと自分をよくしよう、高めようとする力」と、「人とうまくやっていくための力」ということだと思います。幼少期の段階で、まずはそういう力をしっかり身につけておくと、がんばる気持ち・姿勢・態度がしっかりと身につく。それが長い目で見たときに、結果として認知能力にもいい影響を及ぼすと言われているのです。

　ですから、将来のためにと早くから知育や学習のようなことをはじめるよりは、頭をよく使う経験そのものを大切にしていただくといいと思います。お子さんが一番頭を使うのは、遊びに夢中になっているときです。使えば使うほど地頭は鍛えられることになりますので、考えるための基盤は、遊びを通してお子さんの中に備わっていく、と考えるといいと思います。

子どもの脳の発達

いわゆる前頭葉という脳の一番の司令塔の発達は、
最近の研究でも、思春期・ティーンエイジャーの頃まで
続いていくとわかっています。

茂木健一郎

シナプスという神経細胞をつなぐ結合部位の変化なんかを
見ていると、確かに0〜3歳児あたりが重要なことは事実なん
ですね。ただ、いわゆる前頭葉という脳の一番の司令塔の
発達は、最近の研究でも、実は思春期・ティーンエイジャー
の頃まで続いていくとわかっています。ですから、子どもの
ときには自分の感情を抑えきれなかったり、コントロールで
きないのが、成人するぐらいになると、社会の中でちゃんと
自分の役割を果たすことができるようになっていく、という
ことなんですね。

脳の部位で発達の年齢がちょっと違っていたりするんで、必
ずしも「0〜3歳児までにこういうことをしないと、脳が発
達しない」ということではありません。何よりも、これ、別
に正解があるわけではないので、「うちの子育てはちょっとダ
メなんじゃないか」とか「失敗しちゃったかな」なんて思わ
れると、ちょっと……それは、脳科学的にも違うし、かえっ
て子育てが苦しくなってしまうのではないでしょうか。

保育者って「子どもが見ている世界を見ようとしている」んです。

青山誠

　保育者って実はあまり子どもを見ていないんですよ。いや、「子どもを見ていない」んじゃなくて、「子どもが見ている世界を見ようとしている」と言えばいいかな。しゃがんで何かをジーッと見つめている子、いますよね。アリンコでも何でも。世の中の大人は、そういう子どもを見ると「しゃがんでいる子がいるな」って思うんです。あるいは親だったら「あら、うちの子、あんなところでしゃがんじゃって寂しいのかしら」とか、「お友だちいないのかしら」と考えちゃったりする。でも、保育者というのは一緒にしゃがんで「この子、何を見ているのかな？」ってジーッと見る。そして「ああ、アリを見てるんだ」と気づく。そういうふうに、子どもを見る角度に違いがあると思うんです。どちらがいいとか悪いとかじゃなくて、保育者は割とそういう感じでやっているかなと思います。

　子どもって、ある意味自然物に近くて。例えば、川の流れをせき止めて、下流から上流へ流そうとしたら、膨大な労力とお金がいるでしょう。子どもも一緒なんですよね。子どもは自然物だから、子どもを不自然に管理しようとしたら、しょっちゅう監視して、ずっと「それダメ」「あれダメ」「そこは登らない」「そこは触らない」とやっていなきゃいけない。でも、その子どもはそうやりたいんだから、「この子は何を見ているのかな？」と思えば楽しいですよね。

ただ、寄り添う

聞くだけです。お地蔵さんになった感じで「フン、フン」って。

荒井良二

　新型コロナの感染拡大防止のために、緊急事態宣言で学校が休みになったとき、子どもも最初はのんびりしている感じはありましたね。でも、大人にも緊張感があって、会話もそうだしニュースもそうだし、子どもたちって自然に感じ取るじゃないですか。自分でコロナって言い出したりして。ことばが頭の中に入って体で反応しはじめて、会話の端々から「ストレス抱えてるなぁ」っていうのが手に取るようにわかってきますよね。

　そういうときは、子どもの話を「うんうん」って聞きます。聞くだけです。「怖いね」とか言わずに、「そうだね」っていう相づちですね。知識とか押しつけ的なものはまったく必要ないんじゃないですかね。お地蔵さんになった感じで「フン、フン」って。あ、お地蔵さんは返事しないか……!?

　聞いていく中で、話の矛先を変えてあげる。内容をちょっとずらして楽しい方向に少しずつスライドさせていくことを意識しますね。「おやつ、何食べたい？」とか言って。

3章　子どもをただ、見つめよう

子どもに感動！

自分の心の扉を開いたら、
子どもも開いてくれるんです。
子どもにだけ開かせることはできないですよ。

柴田愛子

　私、今でも保育から足を洗えないでいるわけですよ。どうしてかっていうと、面白いんだもん、子どもが！　子どもの心のドラマなんて見ていると、ワクワクして感動しちゃうんです。子どもはありったけで生きてるわけですよ。心を使って、頭を使って、もう本当に一生懸命生きてるのね。例えばケンカしちゃったあととかに「この子、どうするんだろう」と思って見ていると、謝りたいと思って何か大事な石を持ってきたり……。子どもなりにいろんな知恵を全部使って、日々を100％生きてるって感じがするのね。そういうのを見ると、やっぱり感動しちゃうんです。だから、いつまでも子どもに感動できる私でありたいと思っているんです。

　人が安心して暮らせるために必要なのは、食べることに心配がない、危険に脅かされていない、気にかけてくれる誰かがいる、この３つのような気がするんです。私ができることって本当になくて、気にかけてあげることだけなのよ。しょんぼりしてたら一緒にしょんぼりするし、喜んでいたら一緒に喜んじゃう。大事なのは、やっぱり自分を見せていくってことじゃないでしょうか。自分の心の扉を開いたら、子どもも開いてくれるんです。子どもにだけ開かせることはできないですよ。人間ってそうじゃないですか。自分が開くから相手も応えてくれる。だからね、心を開いてボーッとしてればいいのよ〜。

子どもたちと一緒にいると、
解き放たれる感じがあります。

青山誠

　子どもたちが見せる表情や発することばって、子どもの世界にしかないものがあるんですよね。大人たちだけのやりとりでは見えないものや表れてこないものがあって、面白いなと思ったんです。

　それと、「同級生たちはみんな今働いているのに、俺、子どもと遊んで、こんなに自由でいいんだ！」みたいな解放感と幸せな感じを最初に感じたし、今でも子どもたちと一緒にいると、その解き放たれる感じというのがあります。それがこの仕事の魅力だし、保育の仕事に就こうと思った最初の動機となった感触です。

自分の中の子どもを、
自分で閉じ込めちゃってる。
でも、本当はいるの。ドアを開ければいいだけ。

新沢としひこ

工藤直子　子どもの頃、切ないことがあるとこっそり鏡のとこへ行ってね、「直子、私がついてる。がんばれ」って、自分で自分を励ましてやってた。今でも私の中には、たくさんの"直子"がいます。きっと、みんな持ってると思うよ。ちゃんといる。泣き虫の子とか、すねちゃってる自分とか、チビの自分とかね。そういうのにちゃんと巡り会えるんだよ。そうするとさ、大人になった"なおちゃん"は、「そうか、大変だったんだね。よしよし、しっかり泣いたから、あとは元気になりな」って言ってやれるんだよね。

新沢としひこ　僕は、子どもたちが歌う歌をつくったりしているけど、大人が「子どもって、こうだよね、こう思うでしょ」みたいに書くと、絶対伝わらないんですよ。子どもの目で判断し、子どもが言ったことじゃないと伝わらないんです。だから、自分の中の子どもをちゃんと大事にしてないと、僕は仕事にならないんですよね。真面目な人ほど、「"お父さん""お母さん"でがんばんなくちゃ」って思っちゃったりするんですよ。自分の中の子どもを、自分で閉じ込めちゃってる。でも、本当はいるの。ドアを開ければいいだけ。子どもの頃の自分って弱虫だったりするから、「見たくない」って思う人がいるかもしれないけど、それも自分なわけだから、「柔らかい心だったんだな」って大事にしてあげるといいなと思いますよね。

夢がなければ、子育てという大変なことは
やらないと思うんですよね。

汐見稔幸

　子どもを育てるということは、「子どもに夢を育てていく」ことなんですけれど、子どもの育ちにつきあっていくことが、実は大人が「何のために子どもを産んだのか？」ということを、改めて子どもから教えてもらう営みで、それは大人の夢なんだと思います。

　夢がなければ、子育てという大変なことはやらないと思うんですよね。ちゃんと夢を描けるような人生にするために、子育てをみんなで上手に楽しくやっていってほしいなと思います。

3章　子どもをただ、見つめよう

親の欲や願いは不要

「ありのままの子どもを引き受ける」とか「ありのままの私を」って言うけど、認めても認めなくても、ありのままはありのままなの。そう思わない？　ありのまましかないんだから。「うちの子は、こんな感じなんだわ」って。そこに願いとか欲とかをくっつけない！

柴田愛子

シャッターチャンス！

子どもが言うことを聞かんかったり、道で寝たりしたら、「チャンスやな」と。失敗をチャンスに変えてくれるのが写真じゃないかな。「もう1個、何か起こってくれ！」ぐらいに思います。「よだれこぼすとか、何かしてくれ」「もっと来い、もっと来い」という感じ。

加瀬健太郎

育てられているのは誰？

俺が育てられてるんだけどね、はっきり言うと。

荒井良二

「何かあったら、ここにいるから」と
子どもに伝え続ける

五味太郎（絵本作家）

基本的に面倒くさいんだよね、子どもと大人っていう対立概念みたいな形が。絵本っていうのをはじめて、やっぱり最初にぶつかったのは、子どもと大人っていう問題だったんだよね。あえて言えば、子どもも大人もないような考えが好きだし、それでやってきたというところもある。

一番極端な例が、「子どもの頃、どうでしたか？」って質問をよく受けるんだよね、インタビューの中で。いや、俺、子どもやった覚えがないんだよ（笑）。俺がそういう感じ方だから、多分、多くのガキどももそうなんだろうなと思ってて、あいつら子どものつもりがないんだよねっていうのが前提になってるのね。

絵本と児童書の違い

絵本っていうのはほとんど児童書と呼ばれているけど、絵本と児童書っていうのは、全然違うなっていうのが、やや雑だけど僕の結論。

児童書っていうのは多分、大人が子どもに向かって書く本だと思うんだよね。交通安全協会が発行する運転者のための教則本、あれみたいなものだと思うのね。あっていいんだよ。ウソをつくと不幸になるよとか、罰当たるよとか。もうちょっと抽象的に、友情っていうのはいいよとか。でも簡単に言えば、余計なお世話だって思っちゃうんだよな（笑）。

子どもにさあ、優しさを説くなよって感じがあるわけ。子どもに友情の美しさを説いてどうするんだよって思うんだよ。そこと絵本は、実はあんまり関係なかったんだけど、その中に絵本っぽいものが結構あったから、絵本っていうのは児童書なんじゃないかい？　って思ってる人は多いよね。

　僕がスタートしたとき、絵本は子どもの本っていう気配がある世界だったから、打ち合わせしたりすると、ややぎくしゃくするわけ。「子どもに何を与えますか？」「何を学ばせますか？」って考えると、ねえ、俺の本でしょ。ないわけだよ、あんまり。

　だから、「大人とは何か、子どもとは何か」っていうのを、もう1回洗い直すような感じで見るべきなんじゃないかなって、絵本をやりながら考えてきた。

　で、今の子どもたち、敏感だからさ。俺の本に出会うと、ちょっとこれヤバイと思うんだろうね。何をどう読めばいいのか、わかんないんだよね。それこそあれよね、何か与えられると、「あとでこれ必ずテストあるよね」って思ってるみたいなことあるでしょう？　でも、いつまでたってもテストないんだよね、絶対。ははは。読んでおしまいっていう世界にはじめて触れるんだろうけど、そうすると、まあ単純に信用されるんだよね。そういうことがだんだんわかってきたわけ。だから、裏切っちゃいけないなって思ってる。

「学校に行く」しか選択肢がない子どもたち

　今の子どもたち、あまりにも選択肢がなさすぎるよね。子どもが学校に行くっていうパターン以外になくなっちゃった。"学校に行ってないとダメな人になる観"、そこから脱却でき

ない。次のビジョンが生まれてこない。

　僕は、子どもの頃に「学校ってあんまり合わないな」と思って、ブラブラ適当にやったんだけど、多分俺が大人になる頃には、学校っていうものがもっともっとかっこよくなって、もっと便利になって、もっと魅力的になって、ちょっと癖になりそうな（笑）……そんな空間になるんだろうなと思ってたんだけど、びっくりしたね、まったくなってない。子どもたちがハッピーじゃないんだもん。

　子どもたちをもっとハッピーにしましょうという産業がいっぱいあっていいはずなんだけど、そのバリエーションがないし、あとは多分大人たちがサボってんだと思う。子どもたちは体力ないから反乱を起こさないわけよ。だから、大人の思い通りなんだよ。21世紀だぜ、今！　何やってんだと思うよね、本当に。もっともっと、やっぱり生まれてよかったなって、生きてるって面白いよねって、あっていいよね。

　いろいろ楽しいことがいっぱいあって。もちろんその楽しいことってのはラクなことばかりではなくて、結構しんどいことがいっぱいあって、でも結果面白くて、最終的に何となくなんかやったねって感じがあるうちに気が遠くなりましたっていう人生……そんな難しいことじゃないのにね。

　うちの子どもたちには、「学校に行かなくてもいいよ」じゃなくて、行かないけど何も言ってなかった。俺が許可を与えるものじゃないから。「行かない」って言うから、「おう」って感じ。そのうちに、「何で行かないの？」とか言うと、「あのさ～」みたいな。

　俺には、娘や息子が、導いたりするような存在に見えなかったんだよね。私ごときが……みたいな感じじゃないんだよ、

別に。だけど、なんかはじめからないんだよね、指導欲みたいなもの。

　だからある意味、無責任。うちの娘から言われたことあるもん。「ふつうの親って、もっと厳しくやるんだよ」とかって。「あ、そう。じゃ言おうか」って言ったら、「わざとらしいね」って（笑）。

　いざとなったら、何かあったら、言えよっていう感じ。それはもうルールだよね。多分何とかなるなという基本がまずあって、この子はこうっていうのを見ておけばいいだろう、と。俺の仕事は何かなって大ざっぱに考えたら、エサを運ぶんだろうなって。ねぐらをつくってエサを運ぶんだろうなって。あと、要請にお応えするみたいな。まあ、それもいい加減で、その要請にはお応えしないみたいなときもね（笑）。そういう立場は簡単だった気がする。

　でも、いつも居場所はわかってる。「何かあったら、俺、ここにいるから」って伝えてた。

「我が子」であっても、自分のものではない

　よくさ、「我が子」って言う人がいるじゃない？　それは戸籍上の問題であって、お前のもんじゃないだろって思うんだよね。生物っていうのは、原則、個体。個でやりきれない部分を話し合いとか取引とかで補っている。個なんだよ。

　俺がいつもこんなふうに言うのは、そのほうがラクだよっていう意味だね。混乱しなくてすむよって意味。個は個なんだよね、だから親子も同じ。

「私の気持ちがどうしてわかんないの！」って親がいるじゃない？　「だって他人だもん」って言っちゃえば、結論が出ち

ゃうわけ。やっぱり個っていうことについて、もっと気楽に、もっと慎重にやっといたほうがいいような気がする。

　子どもに対しても、もっともっと柔らかなカリキュラムをつくって、自分がどう生きるのかっていうと難しすぎるけど、自分がどんな個なのかってことをなるべく自分で発見するにはどんなシステムが一番いいのかなっていうのを、もっといろいろ研究したほうがいいんだよ、多分。

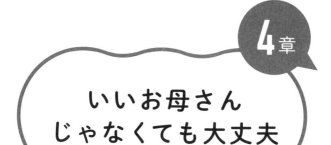

いいお母さん
じゃなくても大丈夫

4章

子育ての「自信がない」がラクになる
魔法のことば

ワーキングマザーの悩み

「仕事も子育ても中途半端」なんて思わなくていいと思います。両方やってるだけですごいじゃない！　仕事と子育てが5割ずつでもいいんですよ、10割ずつじゃなくて。

大日向雅美

「小学生2人を育てるシングルマザーです。もっといい仕事もしたいけれど、じっくり取り組む時間もつくれず、子どもたちと向き合う時間もない。どちらも中途半端であせっています。イライラしていることが多く、子どもたちがかわいそう。でも、子どもたちは『お母さん大好き』と言ってくれるので、こんなのでいいの？　と思ってしまいます」（愛知県・40代・女性）

4章

いいお母さんじゃなくても大丈夫

「こんなお母さんでごめんね」っていうことば、もうそれで十分ですよね。2人のお子さんたちが、お母さん大好きなんでしょ？　ちゃんと子どもさんたちが答えをくれているわけです。

「仕事も子育ても中途半端」なんて思わなくていいと思いますよ。両方やってるだけですごいじゃない！　仕事と子育てが5割ずつでもいいんですよ、10割ずつじゃなくて。ご立派だと思いますよ。

子育ての"時給"が気になる

「小さい世界は、どんどん突き詰めると大きい世界につながっているんだ」と、今は信じています。

山崎ナオコーラ

　私自身が育児をしていると、「この時間、何だろう？」「この1時間、何していたんだろう？」と思うことが多くて、自分の"時給"が気になっちゃったんです。主婦の経済活動は、稼ぎや収入は直接的にはないけれど、何かしらの経済活動になっているんじゃないか、というのを悔し紛れに考えはじめて、小さな世界を肯定したいと思って『リボンの男』という本を書きました。

　育児をしている人は、特に子どもが0歳児で生まれたてだと、家にこもりきりになるじゃないですか。だから、コロナ禍の前にも、家の中に閉じこもる大変さを知っている人は多かったと思います。

　性別の問題は、女性側の大変さに注目しがちなんですけど、男性も「自分が男性である」ということによるストレスや、期待に応えられない苦しさなど、いろいろ悩んでいると思います。女性のほうに稼ぎがあると「ヒモ」といった悪口もあるじゃないですか。そこを変える仕事を私もしたいと思ったんです。男性側の生きやすさに、何かできることがあるんじゃないか。そう思って小説を書きました。

「小さい世界は、どんどん突き詰めると大きい世界につながっているんだ」と、今は信じています。

子育てが新しいキャリアをつくる

子育てはそのとき「大変だな」と 思うかもしれないですけど、育てたことが 人生のキャリアにもなるんだと思いますね。

東 直子

子どもを2人、年子で育てていたので、24時間育児をしているような感じだったんです。そんなとき、「五七五七七の短歌なら、子どもが昼寝をしている間にできるかも！」と思ったんです。それまで、お芝居や童話など、創作の仕事をしたいという気持ちはあったんですけど、なかなか時間がなかったので、短い文芸ならできるんじゃないかなと思って書きはじめて、投稿したら採用していただけた。それが、創作の世界に入るきっかけですね。子育ての歌をつくりました。専業主婦になって、社会との接点がなくなったような気がしていたのですが、自分の創作したものが活字になって印刷されて、いろんな人が読んでくれることがすごく嬉しかった。「こういう形で社会とまたつながれるんだ」「自分の環境もことばにして伝えられるんだ」と嬉しくて、それを励みに続けていきました。

子育てはそのときは「大変だな」と思うかもしれないですけど、育てたことが人生のキャリアにもなるんだと思いますね。「自分自身も成長している」「自分自身のスキルを磨いている」という部分もあるんじゃないかと思います。また、その体験を作品化するうえで自分を客観視できる部分があるので、日常を新しく捉え直すというか、内側にこもりがちな心を外側に広げるようなところがあって、創作することで自分の気持ちがラクになる部分はあったんじゃないかと思います。

仕事と子育てを両立する秘訣

僕がモットーにしているのは
「いい加減」ということばなんです。

汐見稔幸

　僕自身も、大学の教員と子育ての両立で悩んだ。つまり、「両立できないと悩むこと」に、ものすごいエネルギーを使ったわけです。それでずっと考えて、「3歳3カ月10日目のこの子の今っていうのは、"今"しかない。そこで手抜きをしてしまったら、多分自分も納得できないだろうし、この子にとってもよくないだろう。研究は50歳になってもできるだろうから、子育てを第一にして、できる範囲で研究を続けていく」と割りきることで、僕の場合は自分を解放しましたね。もちろん、ものすごい葛藤だったんですよ。だけども、やっぱりそこは上手に居直るしかない。家事も料理もちゃんとやりたいという中で、そこの手を抜くってことは、自分の気持ちとして収まらないかもしれないけど、そのエネルギーで子どもに向かうことをしてあげたほうが、いいように思うんです。あとから取り返せばいいわけですから。

　僕がモットーにしているのは「いい加減」ということばなんです。なんでも一生懸命にやるということは、かえって緊張して心にも発想にもゆとりがなくなってしまうんですね。本当に自分がやりたいところにはものすごい力を注ぐけど、そうでないものは上手に手を抜いて、最後はつじつまを合わせる。「いい加減な生き方をしてください」っていうのは語弊があるけれども（笑）、すべてに100％を求めたらつぶれちゃいますよ。

子育ての反省、心の傷

今もときどきうずく心の傷は、
もう、かさぶたにしちゃいませんか？

柴田愛子

> 「4歳まで続いた長男の夜泣きに苦しめられました。殺してしまおうと本気で考えるのも常でした。私は身体的苦痛こそ与えなかったけれど、夜泣きをする長男を嫌っていたのは事実。今でも心に癒えない傷があります」（栃木県・50代・女性）

　人生の中で、自分で切り取ってしまいたい出来事って、いくつかありますよね。あのときのことはもう捨ててしまいたいと思っても、ときどきうずくと思うんです。それって仕方がないというか……。でもね、ある意味"かさぶた"になってるって信じるの。傷はもうかさぶたになっているから、大丈夫、大丈夫って。かさぶたがポロッとはがれたら、きれいになるでしょう？　だからもう、その傷はかさぶたにしちゃいませんか？

　昔のことを思い出して、後悔したり反省なさっている方はいっぱいいると思うのね。私はその反省を、今、地域で子育てしている若い人たちに生かしてあげてほしいなと思うの。公園で出会った親子に「よく育ってるね」とか「元気だから大変でしょう」とか。そのひと言が、子育て支援になっていくと思うんですよ。そうするともうちょっと、あったかい地域になれるかなと思っているんです。

産後うつのトンネルを抜けて

「ただ生きているだけで、すごいことなんだな」 って切実に思いました。

小林エリカ

子どもを産んだあとの3カ月くらい、「無」になっていた期間がありました。

まったく仕事もできないし、家事はそもそも苦手で、はじめての育児もうまくできないし、母乳も出ない……みたいな中で、「自分は何の役にも立たない」みたいなネガティブな気持ちになっちゃって、「もっとできているほかの人たちがうらやましい」って気持ちがあったんです。私の努力が足りないのかもしれないと自分を責めて落ち込んだし、ますますいろいろうまくできなくなって。

でも、そのときに、「今までの自分は、仕事をすることやお金を稼ぐこと、あるいは誰か人の役に立つといったことにしか価値を見いだせていなかったんだな」ということにはじめて気づいたんです。

人って、ただ生きてそこにいるだけで十分価値があってすばらしいもののはずなのに、私は長いことずっとそうじゃないことに気を取られていたと、そのときはじめて気づきました。それから自分の作品も変わったと思うし、書きたいことも変わってきたように思います。一度「無」になったことで、「ただ生きてここにいるというだけで、すごいことなんだな」って切実に思いました。

上手に発散するヒント

今はね、頭の比重が大きすぎるの。
頭で心がつぶれてるのよ。

柴田愛子

子育てのイライラを子どもにぶつけて自己嫌悪になるという方は多いですよね。ぶつけてもいいと思いますけど、子どもが壊れないようにしてくださいね。そうですねえ……物は投げてもいい、障子は破れてもいい、布団でサンドバッグみたいなのをつくってそれを叩くとかもありますね。

イライラ・モヤモヤしていると、頭は停止してるんですって。やっぱり感情を吐き出す以外に落ち着けないわけよね。子どもとおんなじよ。子どもはかんしゃくを起こすじゃないですか。起こさないと落ち着かないのよね。大人もみんなそうだと思うの。ある人が言ってましたけど、お風呂に入ったときに、口をお湯の中に沈めて、そこで「バカヤロー！」とかなんとか思いっきり言うんですって。外にはボコボコッ、ボコボコッとしか聞こえない（笑）。

今はね、頭の比重が大きすぎるの。頭で心がつぶれてるのよ。それでなんかモヤモヤしてるわけじゃない？　子どもって、頭と体と心が同時に動いているんです。大人は頭ばっかり動いていって、体と心が縮こまっていくのよね。でもみんな感情を持って生まれていて、やっぱり心が機動力になっていくと思うんです。だから、吐き出してください。夫に吐き出すのでもいいし。保育園の送り迎えのときに、気の合いそうな人に、「ねえ、毎日、イヤじゃないですか？」って声かけてみるとか。本音を語れる人が1人でもいればいいですよね。

客観的に自分の母親のことを見てみるのも大事。

大豆生田啓友

> 「私は母のことがずっと大好きでしたが、うちの母は自分の価値観が絶対で、それに合わないものを否定する人だということに気づいてからは、自分が母と同じことをしていると思うことがあって、落ち込みます。いいお母さんって、どんなお母さんですか?」(長野県・30代・女性)

小林エリカ いいお母さんって、すごく難しいなと思います。でも、「自分の母親が自分の求めるものでなかった」と気づいたり、「自分はそうでないように子どもを育てたい」と思える気づきがあったことがすごいなって私は思いました。

大豆生田啓友 そのように気づくことが、自分がよいほうに変われるチャンスなんじゃないでしょうか。親の子育てを否定することは、その中で育った自分をも全否定する感じでつらいということなんですが、客観的に自分の母親のことを見てみるのも大事かなと思っています。「母親もまた葛藤の中にいたんじゃないか」と客観視できるようになれば、自分の母親が自分に対して口うるさく言わざるを得なかったことに共感できたりする。そういう見方ができたら、自分を全否定しなくてもすむんじゃないかと思うんですよね。

こんなところが似てくるなんて！

「よき理解者」になるぐらいのところでいいんだと思います。

大豆生田啓友

> 「私は完璧主義で短気で頑固な性格のため、少しのことで
> イライラしてしまいます。最近、子どもが私のせいでどん
> どん神経質になっていってます。どうしたらいいでしょう
> か」（神奈川県・30代・女性）

4章 いいお母さんじゃなくても大丈夫

　この方は、自分のことを「完璧主義で短気で頑固な性格」
と言っていますけれど、とても慎重で丁寧な性格の方だと思
います。そこから間違えないほうがいいと思うんです。ペー
スが崩れるとイライラしちゃうのは誰でもそうで、まずご自
身のことを、素敵な性格を持っていらっしゃるんだと思った
ほうがいいと思いますよ。

　子育てしていると、「これは僕に似ているな」「妻に似てい
るな」ということがいっぱいあるんですけれど、それ自体は
悪いことでは全然ない。「そうそう、そういうときってイライ
ラしちゃうよね」「それを乱されるのがイヤなんだよね」って、
「よき理解者」になるぐらいのところでいいんだと思います。

　僕も苦手なこととかいっぱいあるんですけれど、僕は今の
方と逆のタイプで、おおらかだしあまり細かいことを気にし
ないのだけれど、それはそれでうまく生きていくコツかなと
思えると、少しラクになるし、自分の子どもの似ているとこ
ろが愛おしく見えてくるんですよね。

しつけのつもりが、手が出てしまう

児童虐待防止法は、
親を罰するための法律ではないんです。

大日向雅美

「1歳と4歳の女の子のパパです。ふつうのことをふつうに教えるのが難しく、自分に心の余裕がないと、子どもの頭を叩いてしまいます。そして後悔します。自分自身をコントロールできないことに悩んでいます」(宮崎県・30代・男性)

自己嫌悪に陥るほど後悔しているし、自分に余裕がなかったと自己分析もできているので、「大丈夫ですよ」と申し上げたいですね。一番危ないのは、「これは、しつけのために叩いたんだ」と正当化することです。「ことばでわからないから、体で覚えさせているんだ」「この子のためだ」という言い訳をする親ってときどきいるんです。そうなると暴力はコロコロと坂を転がる雪だるまみたいに膨らんで、取り返しのつかないことになってしまいます。自覚がおありなのですから、ご自分をいさめるものは、ご自分でおつくりになれると思います。叩いちゃった手に赤いひもを結んで「この赤いひもがあるときは、私は叩いちゃいけないんだ」という目印にするとかね。その場から離れるというのも上手な方法です。

そして、大切なことを1つ。児童虐待防止法は、親を罰するための法律ではないんです。一度でも手を上げない親はいないでしょう? 親に余裕がない。叩く親も苦しい。だから、「社会のみんなで子育てを支えましょう。子どもを守りましょう」というところを目指した法律だということなんです。

85

子連れは「時間通り」が難しい

「遅刻してもいいんですよ」と保育士さんから声をかけてもらったときが、ものすごく嬉しくて。子ども連れだと、いつも時間通りに動けないというのがあるから、「遅刻してもいいんですよ」はものすごく嬉しいことばでしたね。

山崎ナオコーラ

86

「自分を幸せにする」からはじめよう

お子さんを幸せにしたいと思うのであれば、まずご自身が幸せになってください。お子さんたちは、お母さん・お父さんたち、身近な大人たちが幸せそうに楽しそうに笑っているだけで基本的に幸せなんですよね。お母さん・お父さんの幸せから「あふれ出た幸せ」をお子さんにプレゼントする、という感覚が一番いいと思いますね。

てぃ先生

87

もっとわがままになっていい

子どもにとっては、どんなお母さんもお母さんなんですよ。子どもは無条件でお母さんが好き。どちらかというとお父さんよりお母さんが好きなのはしょうがないよね、おっぱいがあるんだから（笑）。自分の感情を取り戻そうよ。自分の快不快をもっと生々しく感じて、わがままになってみませんか？

柴田愛子

「子ども」というよりも、
一番の「友だち」

谷川俊太郎（詩人）　工藤直子（詩人、童話作家）

工藤　相棒さんがいたりとか子どもがいたりすると、自分勝手もできないでしょ。でもしちゃうんです。その代わり決めてたことはあります。ちっちゃいチビちゃんと「今度の日曜日は遊園地行こうね」みたいなことを言っててダメになったりしたら、「ごめんなさい」って本気で謝ります。

谷川　"本気"と"ウソん気"ってどこで分けるの？

工藤　気持ちの問題ですけどね。まわりから見てどうかはわかんないけど、土下座でも何でもします、みたいに必死で。だから、「お母さんだって都合があるのよ」っていうセリフは言ったことはないです。

　言い訳はしない。だってみんなそうじゃん！　みんな1人の人間。男だって子どもだって同じ。それなのに「私だって」とか、「一番つらくて」っていうのは失礼ですよ。

谷川　もう昔の武士の心意気だね。この人は切腹する人ですね、いざとなったら腹切り！

工藤　切腹？　イヤだ、逃げる（笑）。

親子ではなく、ソウルメイト!?

工藤　実はね、「身ごもったら私、すごくお母さんって感じになった」って言う人がとてもたくさんいたの。だから楽しみにしてたわけ。でもね、「あれ？　何かそういう感覚はないな」って思った。

で、おなかの中で動いたときには、「ここに誰かがいるんだ」っていうのが、ものすごく奇妙な感覚でしたね。だから私、詩を書いてます。「逆さに眠る無遠慮な怪物」っていうタイトルで（笑）。

生まれる瞬間こそ何か感じるんじゃないかって楽しみにしてたら、「友だち〜!!」っていう、「うわっ、こんなちっちゃい友だちができた」っていう感じがした。今でも覚えてます。握った手にちょっとでっかいほくろがあった。これで見間違えたりしないって思った。なんか親友よりも盟友という感じかな。盟友ってどう言えばいい？

谷川　命の友だちじゃない？

工藤　ああ、そうそう。ソウルメイト！　自分じゃ、何で"母親"にならなかったんだろうってのはあった。私の気質を見ててくれたらわかるけど、豪快なお袋になる気でいたの。肝っ玉母さん。そしたらね、友だちでしょう？　それに、丁寧語でしゃべってんだよね、私、子どもに。それが一番自然だったの。だから、友だちなの。

谷川　僕も似てるところがあるんですよ。はじめて子どもを抱いた瞬間は、もう強烈に、「絶対命をかけてもこれは守るぞ」という気持ちがね、全然予期しなかったんだけど湧いたんですよ。少し大きくなってきたら、もう完全に子どもっていうよりも友だちになっちゃいましたね。

大人としてちゃんと教えるとかね、しつけるっていう意識がないから、親としては全然失格だったと思う。だけどことばで言わなくてもね、子どもって行動を見てるからそれでいいんだ、みたいなことは思ってましたけどね。

工藤　うちは、ダダこねなかったよ。だってダダをこねても

4章

いいお母さんじゃなくても大丈夫

何もしてもらえないのはわかってるわけで……。だから、自分のペースでやってましたけどね。

命に関わること以外は「見守る」
谷川　「この子を守ってやんなきゃいけない」みたいな気持ちも生まれなかったの？
工藤　例えば、高いビルの窓から乗り出して落ちようとしたら、それは命の問題だからやるけど、それ以外のこと、つまり命に関わること以外は基本的に見ている、見守るっていう感じですね。

　あとは、「あんたのためを思って言ってるのよ」っていうのを言わないようにしたっていうことですね。結局は自分が心配だし自分が不安だから、ちゃんとしつけをやろうとしてるわけで……っていうのが、ついわかっちゃったもんで、自分勝手に言いますよっていうのは言ってました。

　年長さんぐらいのときかな。「あのね、お母さんは、しつけとお小遣いは発作的にするからね」って（笑）。
谷川　「お小遣いは発作的に」ってどういうこと？
工藤　ときどきは多くあげたり、ときどきは「今はない」って言ったり……。しつけも、「靴をちゃんとそろえなさい」とか「返事をちゃんとしなさい」っていうのを、言ったり言わなかったりするよって言ったの。だって、できないじゃん！
谷川　お連れ合いは子どもに対してはどういう態度だったの？
工藤　ただの大きなおじさん、みたいな。父親的なことは、一切一切一切ないですね。
谷川　夫婦そろってね！　だから子どもはラクだよ。よく育ってるじゃん！

111

工藤　大変だったと思うよ、子どもは子どもで。だって、誰のせいにもできないじゃん。

谷川　何かもう本当に小さいうちから自立してるんですよね。たまたま絵の才能があったからいいけど（※工藤さんの息子は漫画家の松本大洋さん）、あれ、何の才能もなかったら結構苦労するよ〜。

工藤　はははははは。

5章

パートナーへの
モヤモヤ解消大作戦！

夫婦の絆を強くする魔法のことば

イクメンの先進国から学びたいこと

日本人も、もっと労働時間が短くなって、家族をつくっていくことが楽しいとなったら、ずいぶん変わると思います。

汐見稔幸

　データによると、欧米のお父さんたちは家事育児を１日平均３時間前後やっているのに対して、日本は1時間前後と大きな差があります。なぜか？　そこには２つの理由があるんですね。１つは、日本のお父さんは、世界で最も長時間労働なんですよ。しかも、通勤時間も長い。ですから、家へ帰ったら疲れているし、そもそも時間もない。もう１つは、ヨーロッパやアメリカの方に「一生で何を大事にするか？」と聞くと、「結婚して家族を個性的につくり、残していきたい」という、家族に対する思いが強いんですね。だから、オフィスのテーブルの上に家族の写真があるなんて当たり前です。

　僕の友人で、オーストラリアに在外研究に行った女性の研究者がいます。半年しかいないからと、日曜日も大学へ行っていたら、同僚の先生方に「われわれは金曜日の授業が終わったらすぐに子どもたちを迎えに行って、それから家族で遊びに行くんだ。それが楽しみで、そのために金を稼いでいるのに、お前は何のために研究しているんだ」と言われてびっくりした、と言っていました。そのぐらい、家族とどう楽しむのか、楽しさをどうつくっていくのかに対する価値の置き方が違うような気がします。日本人も、もっと労働時間が短くなって、家族をつくっていくことが楽しいとなったら、ずいぶん変わると僕は思いますね。

パパの子育て参加のヒント

「育児がしたい」と熱烈に望んでいる男性は多いんだろうと思うんです。

山崎ナオコーラ

「前職は売上至上主義の会社で、長時間勤務が当たり前。帰宅時間が深夜になるときもありました。今しかない子育ての黄金時代をもっと家族と共有したいと思い、転職しました。今では夕方に帰宅できるので家族の時間が大幅に増え、一緒にごはんを食べ、お風呂に入り、眠るという日々。転職してよかったなと思っています」（静岡県・30代・男性）

　この方みたいに、「育児がしたい」と熱烈に望んでいる男性は多いんだろうと思うんですよ。男性の育児参加が少ないことは、「男性の意識改革が必要」という論点で語られがちなんですけれど、問題は多分、働き方がなかなか変わらないこと、仕事の環境のほうなんだろうと感じます。

　それと、夫を見ていると、私が教えるより、本を渡すとかネットの記事を見せるほうが"効く"と感じたことがあります。私から聞いたこと、言われたことをやっているという感じだと、多分楽しくないでしょうね。例えば、離乳食やごはんでは、「私がつくるのをサポートして」「手伝って」じゃなくて、「全部つくってあげて」とレシピ本を渡しちゃう。夫に全部まかせるのがいいんだろうと思います。全部まかせると「自分がやったものを子どもたちが食べてくれた」という快感が味わえるじゃないですか。そういうのがいいのかなという気がします。

「何もしていない」ことに気づいて！

ビジュアル化する、可視化するって大事です。

大日向雅美

> 7カ月になる男の子の母です。育児や家事すべて私に丸投げして何もしない夫。ある日怒りが頂点に達しムスッとしていたら、のほほんと『俺、なんかした？』と言ってきました。あなたは、なんかしたんじゃない！ 何もしてないんだよ!!」(栃木県・30代・女性)

　一緒に暮らしている相手に率直にぶつかっていくのは大事です。本当は妻にそこまでさせる前に、夫に気がついてほしいですよね。「俺、なんかした？」じゃなくて。諦めないで怒りを伝えたことはとてもよかった。そういうことができる夫婦関係だったってことでもあるかしらね。

　よく言ってるんですけれど、ビジュアル化する、可視化するって大事です。それと、よく「話し合いましょう」って言うけれども、「何を話し合うの？」ってなるんですよ。だからお互いの生活の流れを紙に書き出して、それを1つの素材にすることは大事ですね。「思いやりがあればいい」とかきれいなことを言いますけど、一緒にいればいるほど鈍感になって、想像できなくなったり気を遣わなくなってしまいがちなんですよね。そこに言い訳みたいに、「男だからわからない」とか、「お母さんだからやって当たり前」っていうのがついてくるわけです。それを崩していくには、夫婦で冷静にひざを突き合わせて話すといった時間も必要だと思いますね。

「手伝う」は地雷ワード

「やっぱり僕は男だからかなわないよ、君には」って
妻をおだてるようでいて、結局それは妻から見ると
「一緒に歩いてくれる人ではなかった」ってなるんです。

大日向雅美

　子育てにおいては、夫の側は「手伝う」「やってやってる」感は出さないほうがいいですね。妻の側からすると、そういうのは一番カチンときます。だって、２人の子どもじゃない。２人の生活をどうして同志として分かち合ってくれないのかって。「やってやった！」「僕イクメンだろ!?」みたいなのは、かなり妻を追い詰めますよね。

　それから、男の方って仕事モードで育児や家事に関わる方がいらしてね。このくらい達成したらこのくらいの評価をもらっていいだろうとか、何かしたらすぐ成果が出て当たり前だろう、みたいなのがあるから、「なんで君、成果出せないの？」とか、「そんなの簡単じゃん」とか言いがちなんですって。それでご自分が失敗すると、「やっぱり僕は男だからかなわないよ、君には」って妻をおだてるようでいて、結局それは妻から見ると「一緒に歩いてくれる人ではなかった」ってなるんです。

　人生をともに歩んでいきたい思いがあるなら、お互いに率直に訴えていくことが大事だと思いますよ。これは愛しているからお出来になること。愛の反対は無関心ですからね。

ことばにすることの大切さ

私のほうから毎日、「大変なことない？ しんどいことない？ 変えてほしいことあるかな？」 っていうヒアリングをしています。

犬山紙子

犬山紙子 我が家では、私が外で仕事をすることが多いので、家事・育児は夫が主に担当しています。夫は性格的に、「しんどい」とか「ちょっと休みたい」とかなかなか言えないとわかっているので、私のほうから毎日、「大変なことない？ しんどいことない？ 変えてほしいことあるかな？」っていうヒアリングをしています。私がメチャクチャしゃべってしまうタイプなので、私の主張がどうしても通りやすくなるのを感じていたので、ヒアリングは必須だなと思っています。

大豆生田啓友 自分の思いをバーンと出す人もいれば苦手な人もいますから、そうやって聞いてもらえることで話しやすくなりますからね。夫婦ってことばにしていかないとなかなか通じ合えないところがあるので、大事なことだなと思います。

夫婦は「共同責任者」

できるだけ「上司」にならないほうが
いいんじゃないかと思っているんです。

山崎ナオコーラ

「3歳と0歳の父。ママがご機嫌なら子どもと一緒にやんちゃに遊んだりダラダラできますが、ママが不機嫌だったり疲れているときは子どもを外に連れ出したり、そそくさと家事をしたり、ママの顔色をうかがいながらなので、気が休まりません」（東京都・30代・男性）

　育児を長くやっている側が、どうしても上司っぽくなっちゃう。なので、顔色をうかがいながら手伝うようになりがちだと思うんです。「上司（妻）」の顔色をうかがうんじゃなくて「顧客（子ども）」を見る、子どもだけを見てもいいという気はしますよね。

　私も上司っぽく言ってしまうときがあって「どうなんだろう？」って思ってるんです。できるだけ「上司」にはならないほうがいいと思ってるんですが、どうしても夫を「バイト扱い」「部下扱い」しちゃって、やる気をそいでしまう……。「共同責任者感」がなくなっちゃうから、いいことがあんまりない気がします。でも、はっきり言わないとやってくれないのはわかるので、難しいところだと思うんです。

　指示を出すよりは、「新聞記事にこう書いてあったよ」と読ませて、「責任者感」を持ってもらうのがいいかな。まあ、人それぞれキャラがあるので違うかもしれないですけど。

「ママじゃなきゃ、ヤダ」と言われても

パパもしっかり通り抜けなければいけない。それでもやり抜くってことが大事になってくるかな。

大豆生田啓友

「私がもうヘトヘトでパパに対応を交代してほしいとき、子どもが『ママじゃなきゃ、ヤダ〜』とぐずってパパを拒絶したり、夫も『やっぱりママじゃなきゃダメだよね』と助けてくれないとき、夫と子どもの双方にどう対応したらいいのか、わからなくなります」(神奈川県・30代・女性)

　日常的にあまり関われていないパパが、たまにがんばってやろうとしたときに、結構そのギャップが出てくるんですよね。これは僕も経験があって、「ママじゃなきゃヤダ〜」と言われて「ママだよ〜」って言ったら「ママじゃない〜」って怒られて、もっとひどいことになったんですけど(笑)。でもこれって、ママたちだったら手に負えない状況になってもやるんですよ。だって、やんなきゃなんないんだもん。

　お風呂なんかでよくあって、パパが入れると「パパじゃヤダ〜」って言われて、「ママごめーん、代わって〜」なんて言いますよね。でもママだったら、ぐずられても入れるんですよね。だからパパももう、それをしっかり通り抜けなければいけない。それでもやり抜くってことが大事になってくるかなと思ったりもします。ママ側も、「やっぱりママじゃないとダメなのね」っていうふうにしすぎないことも大事。そこは「パパがんばってね」というのも必要かもしれないです。

一から全部やってみてわかること

多分ね、このパパも悪気のないかわいいパパだと思います。ママからすると「ふざけんな！」だと思うんですけどね。

大豆生田啓友

「9カ月の娘との3人家族。夫は土日はどこかに家族で出かけたい派ですが、私は子どもの食事のタイミングなどを気にしつつ、夫の相手でヘトヘトになるので、毎週毎週『今日どこ行く？』と聞いてくる夫にストレスを感じています。1人で出かけてほしい！」（大阪府・30代・女性）

犬山紙子　この時期のお出かけは本当に大変だったなあ。ベビーカーだと、どの駅のどこの出口が出やすいか調べたり、どこのデパートのどこに授乳室があるかとか……。これはもう、夫さんが子どもを連れて2人で出かけてほしいなと思いました。どこに行くか決める大変さとか、子どもと一緒に出かける大変さとか、1回1人でやってみる。そのあとで、お出かけについての話し合いができるのかなって思います。

大豆生田啓友　大賛成！　準備から何から全部やるの、パパが。まずは半日ぐらいでいいので、自分で全部準備して連れて行って帰ってくるというのをやると、犬山さんがおっしゃったように、ベビーカーなどはいろんなところにハードルがあって、自分がどう動かなきゃいけないかがよくわかると思います。やってもらったほうがいいですよ。僕も人のことを言えなかったということを一応付け加えておきますが……。多分ね、このパパも悪気のないかわいいパパだと思います。ママからすると「ふざけんな！」だと思うんですけどね。

96

自称イクメン問題①

「男友だちに比べたらやってるから自分はえらい」で
はなくて、家族の中でチームとしてどれぐらいの負担
を担い合っているのか、そっちに焦点を当ててほしい。

犬山紙子

> 「夫は手伝いとしてみればやってくれているほうかもしれ
> ないけれど、共働きで育児と家事を共同でやってくれている
> かというと、まだまだ不十分に感じてしまいます。何もやっ
> てくれないわけではない夫に対し不満を感じる私は、感謝
> の気持ちが足りないのでしょうか?」(福岡県・30代・女性)

5章 パートナーへのモヤモヤ解消大作戦!

「感謝が足りないのかな」っておっしゃってるんですけど、全
然そんなことないと思うんですよね。子育ては、当たり前で
すけど「参加」じゃなくて一緒にやるもの。「私たちのこの家
族の中で平等かな」っていう視点で見たときに不満があるん
だったら、その不満は正当な不満だと思います。男性の比較
対象が「対妻」の仕事量ではなくて、「対同僚」だったり「対
男友だち」だったりするんですよね。そこからしてなんかズ
レてますよね。「男友だちに比べたらやってるから自分はえら
い」ではなくて、家族の中でチームとしてどれぐらいの負担
を担い合っているのか、そっちに焦点を当ててほしいです。

　私自身は、知らないことを軽く見積もることがないように
しなければと感じています。「見えない家事」も「見えない
育児」も、いっぱいあるじゃないですか。それを可視化する。
ちゃんとわかってもらうためには「察して」ではなくて「伝
える」。それかもう「やってもらう」。それなのかな、なんて
思います。

自称イクメン問題②

パパ側からすると、
ズレていることがわからない。

大豆生田啓友

　ズレの問題というのはいっぱいあります。パパ側からするとやってる感があるのに、ママ側からすると全然やっていない。そういう温度差はものすごく激しいんですよね。

　僕、えらそうに言ってますけど、他人事じゃなくて。長男が小さかった頃、幼稚園の保護者向けの講演会で、いかに子育てをやっているかって話をしてたんです。そのときは僕、全然わかんなくて、「なんで？　僕、やってるよね」って。まさに"自称イクメン問題"だったと思うんです。パパ側からすると、「ズレていることがわからない」。自分は「ほかのパパたちと比べたらこんなにやってるよ」という満足感が高い。でも、妻の側もそう思っているかどうかはまったく別の話で、そこのズレをどうしていくかということなんですよね。

　ママたちも、「もうちょっとここをやってもらえると助かるなあ」と思っていることを、声に出されたほうがいいと思うんです。パパたちは「わかんないだけ」っていうのが結構あって、がんばってるつもりなの。だからショックなんですよね、厳しいことを突然言われると。必ずしもすべてをことばにしなくても、相手のやってることがわかることはある。でもやっぱり、どこかでちゃんとことばにして話すこと。これからの世代は、子育てや家事は2人でやっていくというのが当たり前で、ママが専業主婦であっても、それは一緒。どう分担していくかはご夫婦で決めていけばいいと思います。

子育てに対する考え方の違い

私はブチ切れてもいいと思うんですけれども、人間なので（笑）。

犬山紙子

> 「我が家の2歳児はイヤイヤ期真っ盛り。何をしでかすかわからない怪獣のような息子を叱ったりなだめたりするだけで毎日ヘトヘト。1人で息子を見ているときは余裕がなくて、ついつい口うるさく叱ってしまいます。そんな私の対応に対して、夫に『少し厳しすぎじゃないの？』なんて言われると、すごくモヤモヤします」（神奈川県・30代・女性）

このモヤモヤって、子どもの命や健康を真剣に考えるからこそなんでしょうね。私もすごく共感します。ママのほうだってカリカリ言いたくないと思うんです。でも子どもを守るためには言わざるを得ない。なんで私ばかりそういう役目なの？　って気持ちにもなりますよね。

そこのすり合わせは、本当にお互いが納得できる着地点をコミュニケーションの中で見つけなきゃいけないんですよね。でも話す時間を持つのがまた大変で……。これはもうブチ切れ寸前だから、私はブチ切れてもいいと思うんですけれども、人間なので（笑）。でもまだ余裕があるときは、なるべく冷静に話せたほうが問題解決はしやすいのかな。

例えば仕事だと、意見の違う相手と話をまとめるときに、1回まず相手のいいところを見つけてほめつつ、でもこういう問題点もあるからどうしようかって冷静に話すと思うんです。夫婦でもそういうコミュニケーションができればいいですね。

子どもの前での夫婦ゲンカ

「合わないのが当たり前」というところから
スタートすればいいんじゃないでしょうか。

大日向雅美

　夫婦ゲンカは程度の問題ですよね。DVになるようなケンカやいじめ的なことは絶対にダメ。でも、優しくて温厚なパパも「こんな怖い顔するんだ」とか「ママがこんなに怒るんだ」って、人の感情を知ることは、子どもにとってとても大事なことです。子どもって、両親のケンカをよく見てますものね。私の娘たちも、私と夫のケンカを真似してました。表情とか口調とか、どういうところで爆発するとか、どちらが沸点が高いとか。分析されると「なるほどな」と思いました。「意見が合わないのが当たり前」からスタートすればいいんじゃないでしょうか。夫婦といっても別人格ですし、育ってきた環境も道のりも違います。違うのが当たり前なんですが、価値観の違いが子どもにどう影響するかに真剣になりすぎて、許せなくなるんでしょうね。

　でも、何もかも同じにすることはなくて、人としての在り方とか、ここだけは大事ってことを2つ3つ決めておいて、「ここだけは夫婦一致していましょうね」ということでいいと思うんです。パパとママの言うことが違っていても、2人が互いを尊重して大切にし合っていることがわかれば、子どもは歪んだりしないし、上手に使い分けてくれます。逆にすべてが一致していると、かえって息苦しかったり、逃げ場がなくなることってないかしら？　子どもを信じていいと思います。

「以心伝心」から「言語化」へ

"違う星"から来た者同士で
スタートしましょう。

中川ソニア

中川ソニア　国際結婚の私たち。夫からプロポーズされたとき に、「お互い違う国、違う文化、違う環境で育ってきたので、 "違う星"から来た者同士でスタートしましょう」と話し合 いました。うまくいくためにはルールを決める。1つのルー ルを決めるにも、ちゃんと話し合う。それが一番大事でした ね。まず1つ目の約束は「すべて考えていることは口に出し ましょう」でした。ストレートに言わないとお互いわからな いし、ことばの壁もある。「ここまで言う必要あるのかな？」 というのがあるんだけど、いくら夫婦でも、相手が何を感じ て何を思っているのか、100％わかりっこないと思うんです よ。だから、ことばにして表現する。ことばで表現するのが 下手だったら絵でもいいしね。何でもいいから、何かの方法 で表現するしかないと思うのよね。または音楽を聴かせると か。「この歌詞を聴いてください」とかね。

汐見稔幸　「以心伝心」「ツーと言えばカー」というのは、こと ばにしないことが大事だという文化が日本にはあるから。で も、それは同じ村で育っている人間の場合。今は育ちがまっ たく違うというのが当たり前。結婚したときに、それまでご はんとみそ汁だった人と、パンとコーヒーだった人がいきな り共同生活をはじめるわけでしょう。どうするかは、いちい ち全部話し合って進めていくことが大事なんです。これから の私たちの教訓にしなきゃいけないことですね。

夫婦は敵ではなく味方

敵対せずに互いのことを味方と
思えているかどうかで、孤独さは変わってくる。

犬山紙子

　隣にパートナーがいるからといって孤独じゃないということではないんですよね。お互い心が通い合っているかどうか、敵対せずに互いのことを味方と思えているかどうかで、孤独さは変わってくるんだなと思います。大きな不安を抱えていても、信頼できるパートナーがいて、話してわかってもらうだけで乗り越えられそうな不安に切り替わる、そんな力もあると感じています。

　私と夫に関して言うと、私たち、そんなほめられる関係性でもないんですけれども、1日の終わりの寝る前に、その日夫がしたことで、私にとって嬉しかったり、こんなところをがんばってくれてたな、みたいなところを、お互いに言い合うようにしています。本当にささいなことなんですが。それはすごく、お互いに味方だなって思える、好きな時間です。こういうのってすごく恥ずかしいし、なかなか時間が取れないかもしれないんですけど、一度2人で「私たちは味方だよね」っていうことを確認してから、「今ある問題をどうやってチームで解決していこうか」という話ができるのが理想だなとは思います。まずは対話の機会をつくることから、ということじゃないでしょうか。

産後クライシスを防ぐために

子育ては長期戦。
どこででも変えられる可能性があると
僕は思っています。

大豆生田啓友

　子どもが生まれる前と後とで、夫婦は関係が激変するんですよね。母親というか妻の「愛情曲線」についての有名な研究があります。第１子が生まれる前と後で、夫への愛情がどう変わるかという研究で、子どもを産んだあとの妻は夫への愛情が下がるんです。でも、夫は変わらないんです、妻への愛情が。

　そして面白いのが、女性の夫への愛情はそのあと２つに分かれて、上がる層と低迷のままの層と、二極化するんです。夫が妻を大事にしたとか、夫が家事や子育てに積極的だったかどうかがその差に出るというのがあって、第１子が生まれたばかりのところがすごく大事だっていう、そういう観点からの研究があります。

　ただ、子育ては長期戦じゃないですか。そうすると、どこででも変えられる可能性があると僕は思ってるんです。そういう意味で言うと、「これで決まっちゃう」と思わないほうがいいと僕は思っています。やっぱりうまくやるには結構努力も必要なんです。朝起きたら意識的に気持ちよく「おはよう！」って言うのは大事かなと思っていますね。

世代間ギャップの肝は夫

嫁姑の世代間ギャップを
うまくコントロールできるかどうかの
キーパーソンは、夫、息子なんです。

大日向雅美

いわゆる通過儀礼、お宮参りとかお節句とかのときに、世代間ギャップに両家のギャップも入ってくるんです。赤ちゃんが生まれるまではみんなが安産を願っていたのに、生まれたとたんに、どちらの家のものだ、とかね。お祝いの仕方で、ママ・パパ世代がこうしたいと思っていることと、おじいちゃん・おばあちゃん世代の考えにギャップがあって苦しんでいる例も、いろいろ聞きます。都市部の狭いマンションで暮らしているのに、実家から大きな雛飾りが届いちゃったとか。ですから、まず若夫婦の意見を聞いてほしい。ママ・パパがどういうふうに子どもの成長を祝いたいのかを聞いて、それに祖父母が合わせられたらいいんですけどねえ。

嫁姑の世代間ギャップをうまくコントロールできるかどうかのキーパーソンは、夫、息子なんです。夫が自分の側についてくれれば、妻はお姑さんも大事にできますし。
それともう1つ大事なことは、陰でおっしゃらない、ということ。二枚舌を使わないのが誠実さですよね。絶対にもれちゃいますものね。お母さまだって覚悟できないですよ。「嫁の前でつくろっただけで、息子は本当は私の味方。嫁がそうさせてる」なんて思うと複雑になっちゃう。やっぱりシンプルに、夫は妻の側に立ち続けましょう。

129

育児に性別なし！

「育児に性別は関係ない」と私は思っています。出産と授乳は、今のところ医療などが進んでいないから母親しかできないとは思うんですけど。それは、育児においては意外とメイン事業じゃないと思うんです。だから、自分の性別に臆せず、皆さんも育児に参加したらいいんじゃないかと思います。

（ 山崎ナオコーラ ）

「子育てに休みがない」問題

「ママには休みがない」って話が出ましたが、それはとても大切なこと。夫婦で話し合うときに「今週はお休み、どこに入れる？」って、お互いに1人で休める時間を先に確保しちゃうのもいいのかなって思いました。

（ 犬山紙子 ）

子どもは親の笑顔が大好き

子どもたちって、かなりちっちゃい年齢の子たちから、親が笑顔でいる、幸せそうな顔をしてるのが好きなんですよね。口に出しては言わないんですけど……。親は気づかないんですけど、ものすごくあの人たちは気を遣っています。子どものためという観点からも夫婦関係がいいかどうかは大事かなと思います。

（ 大豆生田啓友 ）

「みんなそうなんだな」と
気づくきっかけになれば

ヨシタケシンスケ（絵本作家）

絵本作家のヨシタケシンスケです。僕は今、えーと小学校6年生と1年生（※2018年当時）の男の子がおります。もう2人とも大きくなっちゃったんですけども、やっぱり最初の頃は大変でしたね。

その大変だった頃のことを後々に思い出して、『ヨチヨチ父』というパパから見た育児エッセイ本も書かせていただいたんですが、一番大変だったときに、育児本って読めないんですよね。

これはパパもママもそうだと思うんですけど、「夜寝てくれない、大変だ〜！」って、ネットで見たり、育児本を見たりするんだけど……全然それが当てにならないんですよね。「この本を書いてる人は、おばあちゃんが近くにいるからでしょう？」とか、「旦那さんが近くで働いてるからでしょう？」とか、「お子さんが夜5時間ぐらいまとめて寝てるからだろう」とか、自分の家庭に何も置き換えられない。全然、役に立たないんですよね。

『ヨチヨチ父』に込めた思い

その本やWebに書かれてることと、自分の家庭のことが全然違うから、それじゃ、どう役立てればいいかっていうことに、やっぱり最初に戸惑ったわけですよね。だからこそ、『ヨチヨチ父』という本を書くときも、一番大変な時期ってそう

いうのを読む余裕がないっていうことを僕自身が知ってるわけです。読んだところで頭に入らないし、逆にイラッとしたりすることもあったりなんかして。

　だから、こういうときに言えるのって、「喉元過ぎるときって熱いよね」って。それと「熱いときって何言われても無理だよね」ってことだけ。そういうところを正直に書こうと思って書いた本なんです。

経験してわかった、睡眠時間が少ないことのつらさ

　やっぱり子どもが夜、寝てくれない。自分も眠れないのが一番つらいわけですよね。僕も本当に、全然眠れなくて……。睡眠時間が足りないだけで、人間ってこんなにも簡単に人格が崩壊するんだって、本当にびっくりしました。

　とはいえ、赤ちゃんってやっぱり１年……数カ月でコロコロ変わってくわけですよ。で、半年、１年、我慢すれば全然違う事態になるんだけども、「これがいつまで続くんだろう」「いや、毎日こうなんじゃないか」って気にだんだんなってくる、あの怖～い感じ、というのが今でも思い出すとゾッとするというか……。

　そのピークを過ぎた人は「そのうちすぐ終わるから」「もうちょっと、ちょっとの我慢だよ」って言うけど、「本当だろうか、それ」って、その当時は信じられない自分がやっぱりいたので。だから、リスナーの皆さんもね、「みんなそうなんだな」っていうふうに思ってくれるだけで、何かこういうところでお話をさせていただく意味はあるのかなと思います。

1人じゃない。
みんなで
育てていこうよ

子育てを「孤育て」にしない魔法のことば

「ぼくの」ではなく「ぼくらの」子ども

「だいじなぼくらのみらいちゃん」。これは大人に言いたいですよね。「ここにいらっしゃるあかちゃんは、未来なんだよ」って。

荒井良二

「あかちゃんがうまれたんだ　ようこそいらっしゃいみらいちゃん　だいじなぼくらのみらいちゃん」

　このことばは、絵本『きょうのぼくはどこまでだってはしれるよ』のために出てきたことばじゃなくて、ずーっと持ってた思いですね。ことばにしたのは、この絵本がはじめてですけど。

　絵本をつくるときは、いつもこういう思いがあります。「だいじなぼくらのみらいちゃん」。これは大人に言いたいですよね。「ここにいらっしゃるあかちゃんは、未来なんだよ」って。

　そう、この「ぼくら」の「ら」が大事なんです！　自分ちの子どもだったら「ぼくの」になる。でも、いろんなところで命が生まれていて、それはやっぱり「みんなのあかちゃんだ」っていうふうに思いが至ると思うんですよ。「ら」をつけると、みんなの子どもっていう感じがするから、「ぼくら」にしました。

家族の“今”を楽しむ

“今”を楽しむことをやらないと、
みんな幸せになれない。

汐見稔幸

　現代がはじめてなんです、こんなに孤立して孤独で子育てしているのは。子育てで一番よくないのは、たまったストレスを発散することができないこと。たまり続けるとうつになるとわかっています。何かあったら集まってペチャクチャしゃべる。これが決定的に大事だということですね。

　子育ては、子を産んだお母さんが全部やらなきゃいけないと思い込んでしまうところから、苦しさがはじまるんだと思うんです。実は、意外と教えられてないんですけども、江戸時代はかなり父親が育児をしていました。みんな、本当は子育てが好きなんですよね。これからは、全部お母さんが担うんじゃなくて、いろんな形でみんなが役割を果たしていくような“上手な分担”が大事になるんじゃないでしょうか。

　そして、せっかく子育てしているんだったら、子どもと一緒に、ほかにはない楽しいユニークな家族をつくろうという点で、夫婦も祖父母世代も社会も思いを同じくしていけば、子育てがうまくいくのかなと感じました。将来のための準備ということを考えすぎると、子育ては苦しくなると思います。“今”を楽しむことをやらないと、みんな幸せになれないですね。どうやったら家族で“今”を楽しめるか、という知恵を出し合うことが大事かなと思いました。

子どものためにも、自分をケアする

もう本当にイライラしているときっていうのは、逆に自分にSOSを出してるんじゃないかなって思います。

犬山紙子

　もう本当にイライラしているときっていうのは、逆に自分にSOSを出してるんじゃないかなって思います。

　親自身が「ちょっと誰かに話を聞いてもらおう」だったり「誰かに手伝ってもらおう」って思うのは、巡り巡って子どものために大事なことだと思います。

　子どもにつらく当たりすぎていると感じるときは、自分をケアするとき。もしパートナーがいれば、どれぐらい今自分が追い詰められているのかを話して、ちゃんとそれを分担する。相手も忙しい場合は、行政にお願いする。これはすごくハードルが高いと思われるかもしれないんですけれども、子どもが笑顔でいるために、当たり前の権利として頼ってほしいなと思います。

孤独な子育てから抜け出そう

まず、家から出ること。
とにかく人のつながりをつくること。

柴田愛子

　こんなに親子で孤立した時代って、はじめてだと思うんです。たった50年前は、「ちょっと見てて」って隣のおばちゃんに頼めたり、子どもも叱られたら「ママに怒られた〜」って隣の家に行くような地域力もあったし、親も、家の中にいるとうるさいから「外で遊んでて」でしたよ。

　時代の流れとともに、住まい方や働き方が変わっていって、マンションの中で親子だけで暮らすようになって、全部「親が担いなさい」って言われるようになり、住民はお互いに「自分も迷惑をかけないから迷惑をかけないでほしい」みたいになって、人間的にはちょっと貧しくなったかなと思います。

　まず、家から出ること。いろんな保育園でも、遊びに行ってよくなっています。一時預かりも増えていますよね。そういうところに行って、とにかく人のつながりをつくることです。地域の中に、「がんばってるね」って言い合える環境をつくっていくのがいいですよね。そんなにイヤな人ばかりじゃないから。いいおじいさん、おばあさんもいるから。家の中から出てくれないと、どうにも声がかけられないからね。

ママ友ってありがたい！

ママ同士って、こんなに頼もしいというか、戦友というか、大きな存在になるんだなというのは発見でした。

水野美紀

連続テレビ小説『スカーレット』（2019年度後期放送）の撮影時は、大阪まで新幹線で通っていました。日帰りでの撮影が多かったのですが、週末に泊まりで行けるときは、子どもを連れて行っていました。実は、大阪の撮影スタジオのすぐ近くにママ友が住んでいまして、その友だちのところに子どもを預けて、撮影の間、そこのお子さんと一緒に遊んでもらって、お宅に泊めてもらって……ということもやっていました。

ママ友は本当にありがたい存在です！　これは親になってはじめて知った感覚ですね。同じような年代の子どもを抱えているママ同士が、こんなに頼もしいというか、戦友というか、大きな存在になるんだなというのは発見でした。山ほど同じような悩みを抱えているので、情報を交換し合ったり、いろいろ相談できるのは本当に心強いですね。

6章

1人じゃない。みんなで育てていこうよ

ママ友が多くないとダメですか？

わかってくれる人が何人かいれば十分！

大豆生田啓友

「もともと友だちが少なく、コミュニケーションが得意ではない私は、ママ友も2人だけ。私の社会性のなさから、子どもが地域社会とつながれていないのでは？　と心配です」（奈良県・30代・女性）

小林エリカ　私は「ママ友が2人もいるなんてすばらしい！」と思いましたけどね。私自身も、新しく誰かと親しくなったり、話しかけたりというのが、気後れしちゃうタイプ。本やネットでは、「何歳で公園デビューをして、ママ友をつくって……」とあるから、以前は「ママ友というものをがんばってつくらなければならない！」と、勝手なプレッシャーを感じていたんです。でも、保育園で子どもと仲のいい子のお母さんが友だちになってくれたり、もともと友だちだった子がママになったり、別にがんばるものでもなかった。話をできる人が1人でもいればいいし、十分すごいと思います。

大豆生田啓友　わかってくれる人が何人かいれば十分！　たくさんつながりがあることに価値を置きがちだけれど、そんなにがんばらなくてもいいんじゃないかな。で、子どもが1人でいたりすると、「もっと自分から入っていけ」とか思っちゃうけど、友だちをつくるのが得意なタイプとそうでないタイプがいますよね。保育園では、子どもたちはがんばっていろんな子たちとつきあっているので安心してくださいね。

子どもをいろんな人に会わせよう

遺伝的な要因を除いて、子どもの人格形成に親が与える影響は、統計的に見てゼロ。

茂木健一郎

　遺伝的な要因を除いて、子どもの人格形成に親が与える影響は、統計的に見てゼロなんです。衝撃でしょう。どういう意味かというと、親は、子どもが出会うさまざまな人の「たった2人」に過ぎないんですね。だから親は、もちろん遺伝子は子どもに伝わっているけど、「自分たちだけが子どもを育てるんじゃない」という意識を持っていただきたいんですよね。

　むしろ親は、「安全基地」は提供するけれど、お友だちとか先生とか、いろんな人に会わせる。その方々から"いいところどり"をして、子どもが人格形成していくという見方をするのがいいんです。だから、「ママが責任を持つ」ということは、逆に言うと「ママが囲い込んじゃう」という意味になってしまう。むしろ、自分の子どもをいろんな人に会わせるほうがいいんで、ぜひ気楽にやっていただきたいなと思いますね。

子どもは1人の人間

子どもはこの社会の中で育っていくわけでしょ。なのに、すべての責任を親だけにって、厚かましいったらありゃしない。

柴田愛子

　だいたいねぇ、子どもの様子で親を責めること自体が変だと思うんです。子どもは親だけが育ててるんじゃなくて、この社会の中で育っていくわけでしょ。なのに、すべての責任を親だけにって、厚かましいったらありゃしない。私、電車の中で子どもが騒いでると、「うるさいよ」って言うの。子どもに。イヤだと思った人が、イヤなことをしている人に、直接言えばいいんです。子どもも1人の人間であることを社会が認めていないから、子は親の付属物で親が管理責任者みたいになってるんじゃない？

　ぐずる子なんて本当はほしくないわよね。みんな"いい子"がいいわよ（笑）。でも、そううまくはいかないわけじゃないですか。そんなときは、逃げるっていう方法もあるんじゃない？　「怖いから、あっち行こうね」とか、とにかく抱えて移動するとか。それから、ありがたいことに子どもはおやつが好きだから、持ち歩いちゃう。そういうときのアメ1粒は、ものすごい威力じゃない？

　私たちにはわからないけど、子どもが泣くには、それなりにわけがあるのよね。だから、「イヤなんだよね～」とか共感してあげるような声かけを、泣くのが少し静まったときにしてあげるといいかもしれないわね。

誰かの手を借りていい

困ったときはもっと声を上げる勇気を持たなきゃいけない。

山崎ナオコーラ

「私は児童館で子育て支援を担当しています。遊びに来てくださる子どもたちや親御さんに、私が毎日元気をいただいています。ほんの少しでもリフレッシュしていただけたらいいな、また遊びに来ようって思っていただけたらいいなと願いながら、待っていまーす♪」（神奈川県・40代・女性）

山崎ナオコーラ　私、あんまり「助けてほしい」って言ったことがなかったんですけど、家族とか血のつながりとか関係なく、「助けたい」って思ってくださる方が世の中に結構いらっしゃるんですね。困ったときは、もっと声を上げる勇気を持たなきゃいけないなって反省しました。

福丸由佳　上の子を妊娠して7カ月のときに母を亡くしたので、ファミリーサポートやシルバー人材センターの方々に、家事、食事づくりを手伝ってもらいながら子育てをしてきました。夫婦で分担できればいいけれど、限界はある。それでケンカばかりになるくらいだったら、ちょっとお金は出ていくけど、行政のサポートなど外の手を借りるのも1つかなと。最初は家に誰かが入るのって散らかっているのが気になったりして勇気がいるもの。そんなとき、「子育て中は忙しいんだから、いいのよ〜」って言ってくださる方に出会えるとホッとしますよね。気の合う方を見つけるまで何人かにお願いするなんてこともありましたが、大変お世話になりました。

保育のプロにおまかせ！

ドンとまかせて、子どもを預けることを
後ろめたく思わず、どうぞ働いてきてください！

青山誠

「家庭と園の連携やお互いの信頼感を育むためにも、コミュニケーションは大切だと思うけど、あまり仲よくなるのも逆によくなさそう。距離感に悩む」（新潟県・40代・男性）

青山誠　保育園側からの理想ですけれど、ドンとまかせて、子どもを預けることを後ろめたく思わず、どうぞ働いてきてください！　子どもは子どもで子どもの世界を生きているし、僕らはその子たちと一緒にいることをとても喜んでいるので、信頼してドンとまかせて預けてほしいです。

村上里和　1人目の子どもを0歳から保育園に預けたとき、「保育園で働く人たちは子どもが好きな人だから、かわいい子どもを預けて働くお母さんのことを『なんて人だろう』と思っているんじゃないか」って、ちょっと不安に思っていたんです。だけど、その保育園には、3人のお子さんがいる保育士さんがいて「自分の子どもは違う保育園に預けている」と言うんです。「どうしてですか？」と聞いたら、「私はプロとしてこの仕事をやっているから、自分の子どもの泣き声がしたらそれが気になっちゃって仕事に没頭できない。だから、自分の子どもは違う保育園に預けています。私も働くお母さんたちと同じ立場です」。そう言われたときに、「あ！　そうか。プロにおまかせしていいんだ。助けてくれる人がここにいたんだ」と心から思えたということがあったんです。

連絡帳の役割

子どもというのは「空気」を吸って育つわけですから、園と家庭の間の空気はゆるやかであたたかいほうがいい。

青山誠

園と家庭をつなぐ手段の1つに、連絡帳があります。特に小さいうちは「おうちでのお子さんの様子を知りたい」というのはもちろんあるんだけれど、どちらかと言えば「お母さん・お父さんがどんな感じで子育てしているかな？」というのを知りたいと思っています。何を書けばいいのか悩む……という人、書くのがつらい人は何も書かないで、そのまま「園での子どもの様子を教えてください」と投げてくれればいいし、「今日、こんな1日で疲れた」とか、お母さん・お父さん自身のことやつぶやきを書いてくれてもOKです。むしろたくさん知りたいですね。そんな真面目に捉えなくてもいいと思います。

食事内容とかを書く欄がありますけれど、あれはいらないんじゃないかなって個人的には思っています。特に小さいうちは、食事がとれているのかって大事なことだけど、別に園が家庭を評価する必要は全然ないと思うし、そんなことはおこがましいと思っているので。そんな目線で僕らは見ていないので、ありのままに書いていただければいいんです。

子どもというのは「空気」を吸って育つわけですから、園と家庭の間の空気が緊張していると、緊張した空気を吸って育つことになるので、そこはゆるやかであたたかいほうがいいですよね。連絡帳を通じて、人と人として、ふつうにいろいろなことをしゃべればいいのかなと思っています。

子どもが子どもらしくあるために

今の時代って、子どもにしてみたら「子ども心地」がしないと思うんですよ。

青山誠

　うちの保育園では、呼び名に先生はつけません。僕は子どもたちに、「青くん」「青山さん」「事務所の人」とか、いろいろな呼び方で呼ばれています。どんなに小さい人に対しても、人として自分が関わるということなんです。「先生」と言われちゃうと、どうしても人は変になっちゃいますから。子どもは人を肩書とかラベリングで見なくて、本能的にこの人はどういう人かを見分ける能力が高いと思うんですよ。だから怖い人には近づかないでしょ？

　今の時代って、子どもにしてみたら「子ども心地」がしないと思うんです。子どもは子どもという時間を生きている人たちなのに、今は「あれやっちゃいけない」「これやっちゃいけない」と、何でも大人に監視されて「子ども心地」がしない。だから、「子ども心地」がたっぷりする園にするのが理想です。

　時には怒られちゃうことがあるかもしれないけれど、近所の公園だって、路地だって、「子ども心地」が十分にするような……園と外との境界線が限りなくあいまいで、どこへ行っても子どもは「子ども心地」がするように生きていける地域。その中核に園があるといいですね。

地域の子育て支援を頼ろう

子育て支援センターの皆さんの知恵と努力の結晶は、「日本の力」。

汐見稔幸

「転勤族の我が家は、地域の子育て支援センターに本当にお世話になりました。悩みを打ち明けると『お母さんは自信を持って大丈夫だよ』と一緒に泣きながら励ましてくれました。皆さんがいたから大変な日々を乗り越えられたと思います。感謝の思いでいっぱいです」（東京都・30代・女性）

　特に「転勤族」の方は、新しい地方都市に住んで知り合いがまったくいない。そういう中で子育てをやらなければいけない。その孤立感やつらさというのは、ことばにできないようなものがあると思います。

「どういうふうにすれば、本当に困っている人の支援になるのか」ということについては、拠点事業の職員の人たちが、ものすごく勉強してきたんですよ。「お母さんは今、どういう声をかけてほしいって思っているのかしら」とか、「ここはもう少しリラックスしたほうがいいから、『お母さん、もっとリラックスしよう』なんて言ってあげたほうがいいのかな」とか。

　支援センターの職員には、特別な資格は特に必要ないんです。それだけに、素人のよさ、変に専門家ぶっていないという、ありがたさみたいなのがある。今のような形でいい支援をしているというのは僕も嬉しいですし、支援センターの皆さんの知恵と努力の結晶でもあるというように思いました。これは、まさに「日本の力」だと感じています。

「受援力」をつけよう

むしろ、助けを求めるのも力だと思います。

福丸由佳

「世の中から取り残されたような気持ちになっていたとき、ときどき行く児童館に電話をかけてみたら、スタッフさんが親身に話を聞いてくれて救われました。日頃から自分の中で、いくつか信頼して頼れる場所や人を見つけておくことは大事だなと思いました」（神奈川県・30代・女性）

ふだんから、頼れる方がいらっしゃるのは大きいですね。そういう関係を築かれてきたというのも、また、ご自分で電話をかけられたというのも素晴らしいと思います。「電話したら迷惑かな」「こんなことを話したら恥ずかしいな」なんて思わないでください。むしろ、助けを求めるのも大切な力だと思います。

子育てって、親だけじゃなくてまわりのいろんな人が関わってやっていけるといいなぁと。助けてもらうばっかりって思うかもしれませんが、嬉しかったり、支えてもらえてホッとできたり、そんな経験が少しずつ積み重なることで、今度は自分が次の世代にできることを、っていう気持ちになれるのかなと思います。そうやって少しでもお返しができれば、いいんじゃないかなと。ラジオを聴いて応援したいと思ってくださる方がいらっしゃるというのも胸が熱くなります。ありがたいですね。

祖父母の存在の一番の意味っていうのは、「ちょっと見てもらう」こと。

大日向雅美

　祖父母の存在の一番の意味っていうのは、「ちょっと見てもらう」こと。特にお母さんは「トイレに1人で入れない」「両手でごはんを食べたい」「眠りたい」、そういう気持ちをいっぱい持ってるんです。そういう「ちょっと見てもらいたい」ときに、祖父母の存在は大きいと思うんです。ただ、そういうふうに頼られると、祖父母のほうもよかれと思って口出しをしすぎることがあったりしますね。

　もう1つ、「孫はかわいいはずだ」って、若い親世代はときどき誤解をするんです。見てもらうことはありがたいけど、祖父母も喜んでいるはずだからって思いがちで……。でもみんながみんな喜んでいるばかりじゃなくて、疲れるんです。やっぱり、体力がね……。「孫は来てよし。帰ってよし」って言いますでしょ。来ればかわいいけど、帰ってくれるとホッとする。そういうバランスも、お互いに気をつけておくといいかもしれないですね。

孫におもちゃを買いすぎ！

子どもには、おじいちゃん・おばあちゃんに 感謝の気持ちを持つことを教えてあげれば、 それはそれでいいんじゃないかな。

春風亭一之輔

「会うたびに、孫におもちゃを買い与えるのはやめてほしい」（愛知県・30代・女性）

春風亭一之輔　子どもの立場で考えると、嬉しいですけどね。僕が子どもの頃はおばあちゃんがいろんなものをくれるので、おばあちゃんちに行くのが楽しみでしたよ。子どもには、おじいちゃん・おばあちゃんに感謝の気持ちを持つことを教えてあげれば、それはそれでいいんじゃないかなと思うんですけどねえ。"何でも買ってくれる人"じゃなくて、「あなたのことが好きだから買ってくれるんだね。ありがたいね。ちゃんとお礼言おうね」ということを教えれば、Win-Winでいいんじゃないかなという気がするんですけど。

大日向雅美　一之輔さんって素敵ねえ。「感謝の気持ちを伝えれば、あとはいいじゃない」とざっくばらんなのも、いいと思いますよね。このママの気持ちもよくわかるんです。でも私もばぁば世代ですから……服や靴といった実用的なものより、おもちゃとかお菓子をあげたほうが、孫の喜ぶ顔がすぐ見られて嬉しいですね。ただそう言いつつ、しつけの基本をするのは親。だから自戒を込めて、ばぁばは見守らなくちゃいけないと思っています。でもたまには、即効性のある喜びも味わわせてほしいですよね。一之輔さんみたいなパパがいたら、ばぁばも少し引こうかなって思えると思うんですよ。

子育ての常識は変わる

世代間ギャップは、「葛藤」ではなくて「時代の違い」と
見ていくと、それは広く社会・文化的な違いで、
まさに落語の世界を見るように面白いと思うんですよね。

大日向雅美

　不思議なんですよ。同じ人間で、同じ赤ちゃんを育てるの
に、30〜40年でこんなに違っていいの？　って。そこには２
つ原因があります。１つは、医学の進歩とか赤ちゃんの発達
に関する科学的な研究によって、昔と違う、よりよい方法が
提案されていることです。その一方で、私たちはそのときどき
きの時代に生きているので、その時代の中で培う価値観が一
番いいと思い込んで、そこにとらわれすぎる弊害があります
かしらね。「泣いたらすぐに抱っこしていたら抱き癖がつく」
の話にしても、アメリカの開拓時代は、我慢をしてつらいこ
とに耐えて生活を築いていかなければならない時代だったの
で、「泣いても放っておけ」。ところが後に豊かな時代になる
と、生活を楽しむ人間を育てるのが大事だと、人生をエンジ
ョイできるように「泣いたらすぐ抱っこしてミルクをあげて」
って180度変わっちゃうわけです。

　ですから、そこだけを切り取って考えるのではなくて、ど
ういう時代に親が生き、どういう未来を生きる子どもたちを
育てようとしているのか。そこには、政治や経済も、ものす
ごく影響があるんです。パパ・ママと、おじいちゃま・おば
あちゃまの違いというのは、「葛藤」ではなくて「時代の違
い」と見ていくと、それは広く社会・文化的な違いであって、
まさに落語の世界を見るように面白いと思うんですよね。

聞き流すのも1つの手

　譲れないところは向き合うとして、「ここは、おじいちゃん・おばあちゃんの意見を聞いてうまく流す」というところがあっても、いいんじゃないですかねえ。柔軟な形で応対すれば、半分くらい、気持ちが和らぐような気がするんですけど。結構、聞き流すのも「手」ですよ。僕、先輩から小言を言われると、ほとんど聞き流してますから。へっへっへ。

春風亭一之輔

祖父母は脇役

　祖父母世代の役割。それは、脇役です。主役はママとパパですね。親はちょっとぎこちなくても育っていくんです。だから祖父母は脇役でずっと見守る忍耐力が必要。それもまた、大きな愛情かな。寂しいけど、その寂しさに耐えることも、祖父母は大事です。

大日向雅美

みんなにとって住みやすい町に

　町の人が小さな赤ちゃんに「あら、かわいいわね」と言う町になると、その町はすごく住みやすい町に確実に変わっていくと思いますよ。本当に大事だと思います。

汐見稔幸

「家族」について考えてみると、
いろんな自分が見える

内田也哉子（エッセイスト）

　母が女手1つで育ててくれたので、割と孤独な子ども時代で、小学校低学年ぐらいからずっと鍵っ子でした。テレビもなかったですし、それこそおもちゃもなくて（笑）、あるのは数冊の絵本だけ。ないものの中から自分で発想して遊びを生み出していきました。「これはやっちゃダメ」「あれをやっちゃダメ」ということを一切言わない母で、「この鍵がなくなったら、あなたは家に入れないよ」って言うだけなので、本当に小さい頃から大きな自由を授けられた代わりに、自由の重責というか重荷を割と早いうちから知ってしまい、ある意味「自由って、なんて苦しいんだろう」と思ってました。

　17歳で結婚の話が出たとき、「そういうのもありね。早く家族を築き上げる作業をしちゃって、子どもたちの手が離れたら、好きな仕事を見つけるということだって全然いいんじゃない？　大学も休学していいんじゃない？」と言われました。「なんで？」と聞いたら、「結婚や人との出会いは計画してできるものじゃないから」と。自分にとって大事なご縁だと思ったら、つかみ取ってほしいということだと思うんですね。そこらへん、母はとても柔軟な考えの持ち主でした。

通りすがった母の投げたひと言で、ラクになれた

　子育てをしていく中で、母も途中から同居することになったんですね。それは母からの提案でした。「せっかく年寄り

が今ここにいるんだから、子どもたちのためにも、いろんなジェネレーションが家庭の中にいるってことを試してみないか」というふうに言われて。母は1匹オオカミで、1人で生きるのが得意だし、好きだったから、別に一緒に住まなくてもよかったんでしょうけど、私たちが危うかったんでしょうね。私たちだけの考えで固まっちゃうことが。

　でも、実際そうだったんです。子育てしている中でいろいろ紆余曲折があるたびに、通りすがった母が投げたひと言で、「あっ、なんだ。そういう考え方もあったな」ってラクになれたことがありました。逆にケンカになって「そんなに口出さないでよ」とかって大ごとになることもありましたが（笑）。母の言うように、いろんな考えの人の意見を聞けて、当たり前に若い世代から年配まで交ざってるのは、とても豊かなことだっていうのは、身をもって体験できましたね。

家族1人ひとりが心地いい距離感を探す

　家族って、時には重苦しくなってしまうしがらみもあるけれど、そこがやっぱり人間の基盤だとしたら、そこをどう捉えていくか、苦しいのだったらどういうふうに自分にとっていい距離感にしていくのか。そういうことって案外、一番身近なことだからこそ避けてきた部分もあるし、近すぎて見えづらくなっていることもある。だから、家族ということを考えてみることで、いろんな自分自身が見えてくると思います。

　家族っていっても、隣を歩いている他人とそう変わらないんですよね。ついつい私も自分の子だからっていうことで、ちょっと境界を越えすぎていろんなことを言ってしまい、子どもにとってすごく重たくなってしまうことってよくあると思

います。

「親だから」「兄弟だから」「子どもだから」「夫だから」って肩書を1回外すのは難しいんですけど、家族と構えるのではなく1人ひとりを個々と思い、自分の心地よさと相手の心地よさを想像してみることで、いい距離感がつくっていけるのかもしれませんよね。360度の見方があるっていうのを忘れないでいなきゃって自分で思うんですけど、ちょっと角度を変えただけで、こんなにも変わって見えるのがまた人生の醍醐味でもあるので、ゲーム感覚って言ったらあれですけど、いろんな角度から眺めてみるのがいいかもしれないですね。

夫婦は違って当たり前。違うからこそ面白い

　いざ結婚生活がはじまると、夫は仕事が忙しくてほとんど家にいないし、「これはどういう共同作業なんだ?」とギクシャクして、つまらないことでもめていました。

　私は夫と何かを見たり味わったりして、共感したいタイプだったんですけど、夫は「共感できることも素敵だけれども、人間だから違って当たり前。夫婦だからって何から何まで一緒なわけではないし」と、その違いを愛でるような感覚でいました。間違い探しみたいな「こんなに違う。どうしよう、どうしよう」から、「違って当たり前。違うからこそ面白い」へ。お互いに心のリズムを合わせていくのに26年たったんですけど、ようやく……それでもまだもめてますから(笑)。

子育ては、人生で一番いい時間

中川李枝子 × 宮﨑駿

中川李枝子（児童文学作家）

宮﨑駿（アニメーション映画監督）

聞き手：村上里和（NHKラジオ「みんなの子育て☆深夜便」アンカー）

子どもたちとの遊びから生まれた名作

村上　中川李枝子さん、宮﨑駿さん、どうぞよろしくお願いいたします。中川さんがご到着されてお2人がにこやかに向かい合う姿が、本当に、お姉さんと弟のような感じさえいたしました。

宮﨑　本当に不肖の弟です。

村上　今（※2018年当時）、宮﨑さんは映画の制作で大変お忙しい中、中川さんに会えるなら！　ということで、対談が実現したんですよね。

中川　大変嬉しゅうございます。

村上　宮﨑さんと中川さんの出会いは、どういうものだったのでしょうか？

宮﨑　学生の頃です。僕が学生だったのは60年代の頭の頃ですからね、その頃ですね、『いやいやえん』が出たのは。これは驚天動地というか、今でもそう思いますけど、本当に素晴らしいものが出たと思いましたね。

村上　どんなところに、そんなに感動されたんですか？

宮﨑　だって保育園の中に海ができて……海ができてじゃないですよ、海になってて、くじらが泳いでるっていうね（※『いやいやえん』収録の短編「くじらとり」）。まったくそれがスムーズにつながっていくんですよ。理屈で考えていくと、異世界でつながったんだとか、いろんな仕組みを考えないといけないっていうふうに思うんだけど、中川さんの手にかかると、突然ちゃんと海になっちゃうんです。

　謎めいたことがいっぱいありましてね。例えばガスコンロを持って行こうってあるんですが、なんでガス台なんかが

ね、登場するんだろうって。これ、中川さんに伺ってはじめ
てわかったんだけど、中川さんがいらっしゃった保育園に古
いガスコンロがあって、子どもたちがそれを使っていろんな
遊びをしてたって。その説明を聞くまでは謎のガスコンロで
す（笑）。

村上 1962年に『いやいやえん』が出版され、これが中川さ
んのデビュー作でした。その頃中川さんは保育園にお勤めで、
宮﨑さんは大学生だったんですね。

宮﨑 学生でした。児童文学研究会っていって5〜6人集まっ
てたんだけど、何も研究しないでデモばっかり行ってるとか、
そんなことばかりやってました。でも、これはとんでもない
本が出たと本当に思ったものです。小さい子どもの世界はね、
こうなんだろうと思った。

中川 「くじらとり」はね、子どもたちがいっつもやってた
遊びなんですよ。子どもたちはニュースを結構見てるんです。
南極から帰ってきた人たちが花束をもらうっていうシーンが、
子どもにとってなんか面白かったらしいんですよね。その遊
びを私はいつも見てたんですけど、私も同人誌なんかに入っ
たもんで、作品を1つ書かなきゃならなくて困っちゃって。

　で、子どもたちが退屈してる日があるんですよ、なんにもや
る気がしなくて。何かあったら、一発ケンカしようかってい
う不穏な日が！　ぐでぐでしてるんです。そのときにね、「あ、
そうだ。今日はみんなでお話づくりしない？」って言ったら、
乗ってきたの。それが「くじらとり」の話になったの。

宮﨑 面白いなあ。

中川 いつも遊んでることに、さらに面白いことを上乗せし
て、子どもたちが順番に話していったの。それで、あの話が

できたんですよ、私はみんなからネタをもらったのね。こりゃうまくいったと思って。でも、何度もやりましたけど、二度と、ああいううまい話はできなかった。

宮﨑 ははは。ああ、そうですか。

村上 最後、「くじらとり」から帰ってきた船を、カメラを持って待ち構えるシーンが……。

中川 そうそう、そこが気に入ってたんです！ 南極から帰ってきたときの。

村上 子どもたちから出た話だったんですね〜！

中川 そうなんですよね。「くじらとり」に行こうってことになったのは、どうしてなったのかしら……わからないんですけどね。

宮﨑 僕はこれを映像にするには、どうしたらいいんだろうって。

中川 でも、あの映画を見たとき、私、びっくりしたの！ 本当にそのままでした！ 保育園の子どもたちが「くじらとり」をして……。

宮﨑 そう言ってくれると嬉しいですね。

中川 びっくりしちゃったの！ お母さんたちに見せたくなっちゃった。

村上 「くじらとり」は、宮﨑さんがジブリ美術館で短編映画にされたんですよね。

中川 保育園の……本当にあの通りの海になったんです。あれで私は、びっくりしちゃって！　宮﨑さんに一目置いてるんです！

宮﨑 今でも順番で上映してますけどね。一応映画では、なぜ保育園の中が海になるのかって、そこまでは説明しないけれど、子どもが遊んでて、船が……積み木でつくった船がちょっとずれると、そこから水が漏る。すると、本当に漏ってくるっていうね。あ、こういうふうにやっていけばいいんだって、それが入り口。

中川 本当にあの通りになったから。

宮﨑 中川さん、その映画見てですね、お母さんたちが迎えに来て海になってたらびっくりするでしょって。

中川 本当にそう思った。

宮﨑 中川さんがつくった話なのに！

中川 私の手からは離れてますけどね。

宮﨑 本当に幸せでした。もっとよくできるんだろうとも思うんですけど、僕はあれが限界かなあと。これならギリギリ中川さんの原作を損ねないで、子どもたちが読んでも、それから映像を見てもね、頭の中でぶつからない。そういうものができたと思って。

　まあ、なんでも映像にするって、間違いなんですよね。お話はお話として読んで、それでワクワクしたりするのがいいです。でも、やっぱりちょっと挑んでみたかったんですよね。「くじらとり」は、これこそファンタジーだと思って。

子どもは意外に「物置」が好き？

村上 宮﨑さんが『いやいやえん』を読んで、これを映像化したいっていうふうに思われたのはなぜなんでしょうか。自分で物語を動かしてみたかった？

宮﨑 いや、そんな立派なものなんかじゃない。そのときは、まだアニメーターになってませんからね、学生ですから。でも、これを映画にするとしたら、アニメーションにするとしたらですね、どうやってやるんだろうっていうのは思いましたね。

やっぱり中川さんの「くじらとり」が最高なんです。実は妹さん（※中川さんの実妹、大村百合子さん）の描いた挿絵もね、これもまた本当にいいんですよ。特に叱られて物置に入れられている、主人公のしげるの絵が、僕、大好きで！この保育園（※スタジオジブリ保育園「3匹の熊の家」。企業保育所のため、一般の方の入園は不可）で叱られて物置に入れられている子はいないんですけどね。中川さんたちは入れてたんですか？

中川 あのね、別に物置っていうほどの部屋じゃないんですけどね。いろんなお道具を入れたりする物置っぽいお部屋が1つあって。節穴だらけで、節穴からホールが見えるんですけどね。一応「そこに入って考えなさい」って。そうすると「イヤだイヤだ」って言うの、みんな。

ところがあとで大人になってうちに来たとき白状したんですけど、「先生、実はね。あれ入るの嬉しかったんだ」って。「でも嬉しがっちゃ先生に悪いから、イヤだっていうふりしたんだ」って。

宮崎　はははははは。

中川　いや、悪かったな〜って。

宮崎　でも、保育園に子どもたちが絶対行かない場所っていうのがあるんですよ。急な階段のところで……図書館の地下に自家発電機を置いてるんですよ。もしものときに電気が1つでも灯るようにって置いてあるんですけど、そこに行く階段が急なんですよね。表から入れるようにドアがついてるんですけど、子どもたちはその中に絶対入らない。

　かくれんぼするときに物置の裏に入れるようになるのは、大変な成果っていうか。まあ、みんな物置の後ろに入って一網打尽に捕まるんですけどね（笑）。物置の後ろをまわってこれるっていうのは、子どもたちにとってはすごい達成なんですよ。達成だったんですけど、その怪しい階段だけは誰も下りないですね。いまだに下りない。

村上　それは下りちゃダメって言ってるからですか？

宮崎　言ってないですよ。気配がイヤなんでしょうね。ものすごく敏感です、子どもって。本当に面白いです。

中川　子どもらしい子どもばかりで、いいですね〜。

子どもの空想を映像化してみたい

村上　中川さんの『いやいやえん』が出たときに、それまでになかった児童文学が出たっていうふうに言われたと聞いたんですが、どういうふうに違ったんでしょうか？

宮崎　いや、それは要するに、保育園の遊びそのまま、海に行くっていうのはね……海に遊びに行くなら別ですよ。違いますよね、教室が海になっちゃうわけですから。

でも、教室が海になるって、自分が子どものときの遊びで、イスを横にして置くと、ちょうど船のように座れるんですよ。それで、畳の上にね、魚を描いたのを切り抜いて並べて、その絵に釘かなんかを貼りつけておいて磁石で釣るとかね。たいていの子どもがそういう遊びを知ってたと思うんです。僕はやってました。そうすると、「お前、畳の上で何やってんだ」っていうふうには思わないですよ。「ここは海なんだ」って思えるんですよ。海だと思ってやるんですよね。

大人になると、そういう能力はなくなるわけですけど、理屈で映画をつくるときに、畳の部屋がどうやって海になるのかって、それは海になりましたって突然カットが変わってもダメですよね。でも、子どものときはそうなれるんですよ。それを映像にしてみたいじゃないですか（笑）。それだけ。してみたいっていうだけです。

村上 中川さんの作品の中には、子どもの空想の世界がそのまま描かれています。

中川 みんな、子どもから教わったんです。私、無認可のね、名もなき本当に小さな保育園の主任保母にしてくれるということで、そこに就職したんです。要するに私、ガキ大将だったんです（笑）。

宮﨑 子どもたち、幸せですよね～。

毎日、子どもが喜んで来る保育園

中川 『いやいやえん』の、なつのなつこさんが私。園長さんが、はるのはるこさんです。

その、はるのはるこさん（園長）に言われたのが、「子ども

が毎日喜んで来る保育をしてくださいね」っていうことだったんです。「１人も欠席のない保育をやってください。学校で学んだことをここで100％使ってしっかり保育して、保育以外のことは何もしなくていい。あとは全部私がやるから」って。

村上 子どもたちが毎日喜んで来る保育園、ですか？

中川 「毎日、楽しくなくちゃ子どもは来ないわよ」って。「それは、まず私たち保育者も楽しくなくちゃいけないし。この仕事はもうからないからね。楽しまなくちゃ割に合わないわよ」って言われたんです。

宮崎 園長先生、立派ですね。

中川 で、「この保育園は貧乏です」って言われたんです。「無認可で、子どもたちが持ってくる保育料だけで賄ってますから、みんな生活にゆとりがあるわけじゃない若い親ですからね。そのお金を我が子のためによかれとここに払ってくれるんだから、それは１銭１厘ムダづかいはできません」

宮崎 何か違う国の話を聞いてるみたい。

中川 でしょう？　でもいい話でしょ？　それで、ちゃんとお給料くださってたんですよね。そしたらうちの父親が、「お前、給料もらっちゃ悪いよ。お前も保育料払え」って。

宮崎 ははははは。

中川 私は自立した女を目指しているのに、親がそういう目で見てるのかと思ったら、悔しくてね。すごく腹が立ったけど、今わかったの。私も保育料を払うべきだったって！

　駒沢のオリンピック公園。広くて立派ですけどね。あれがまだ原っぱだったとき、戦後は終わらないっていう時代で、だだっ広い原っぱに、戦災者住宅と引揚者住宅、まさに仮設住

宅がまだバラバラ残ってて。グラウンドの手入れができていないし。自然に近所の子どもたちの遊び場になっていて、みんながあそこに遊びに来てたんですね。結構事故なんかも起きたりしたもんですから、駒沢界隈のご婦人たちが自主的に青空保育園ってのをはじめてたんです。子どもはやっぱり見守らなくちゃいけないっていうことで。それに、はるのはるこ先生も参加して。

それで、もうだいぶ戦後も収まって、じゃあ解散しましょってなったときに、はるこ先生が続けたいっていうんで、本当に質素なバラック小屋を1つ建てて、そこで「みどり保育園」っていうのをつくった。1人じゃできないから主任保母を雇おうっていうので……。

（村上）それが中川さん。

中川　そうなの。「主任保母って書かなきゃ来る人いないでしょ」って。

（宮﨑）はははは。

（村上）本当に、地域の人たちの思いで、子どもたちの思いでできたところだったんですね。

中川　そうなの。

（村上）中川さんにぴったりの場所！

中川　そう、ぴったりだったんです。

（宮﨑）自分の子ども時代のことを考えると、必ず原っぱがありましたよね。

中川　ありましたよね。

子育ては、人生で一番いい時間　中川李枝子×宮﨑駿

宮崎 原っぱ、どこ行っちゃったんですかね、原っぱないですよね、本当に。公園でボールを投げるな、蹴るなって書いてあるところがほとんどでしょ。

　たまたま空き地ができると、子どもたちが集まってくるんですよ。ボールを蹴ったり、突然遊びがはじまって……。これは面白いなと思ったとたんに、もしそこを公園化したら、もう来なくなるんです。多分、何か自由な感じってのはね、ただの空き地のときにあるんですよ。

中川 原っぱと広い空っていうのがね。私も一番好き。

宮崎 もうこの社会ではできないのかな、と思うことがあるんですよね。責任の問題とか管理の問題とか出てくると思うんだけど、それはちょっとしたケガもするよっていうぐらいの覚悟で親が遊びに行かせてくれるようなスペースができたらいいですよね。本当に。ここだって野放しにしといたら多分、階段から転げ落ちる人間が出てくるんだと思う（笑）。

村上 ちょっとそんなミステリアスで危険な場所が、また子どもたちを惹きつけたりもしますよね。

宮崎 原っぱって、どこ行っちゃったんだろうってね。

　全然話は逸れますけど、エストニアって国にちょっと何年か前に行ったんですけど。今はね、ＡＩの一等国になっちゃって、人工知能でね、様子が変わったかもしれませんけど、古い街が草ぼうぼうで。本当に懐かしかったんです、草ぼうぼうが。夏場は日が長いでしょ、いつまでも夕方が続くんですよ。

　キラキラしているその草むらを見るとね、そこから子ども時代の自分たちが飛び出してくるんじゃないかっていう気がする。そういう風景をつくればいいんですよね、大人が。放っ

ておくんですよ、ここで何するかっていうんじゃなくて、ただ原っぱがあるっていう……できませんかね。

村上　なかなか本当に……。今、自由に遊ぶ場所ってないですよね。

中川　存分に遊ばせたいです。それこそ、子どもは走るのが好きでね。何しろ走りたいのよ。

で、「一等！」なんてね。みんなが「一等！」なんて言って走ってる。あれ、いいですよね。

宮﨑　そうそう。ここに来る途中に、自分たちの土地じゃないんだけど、空き地があって、どうも意図的につくったなっていう土山があるんです。草ぼうぼうになってるわけ。そこにワーッて子どもたちが越境して入って遊んでるんですよ。

これはいい景色ですね。子どもたちが登ったり下りたり、登ったり下りたり。僕らもそういう場所を持ってるんだけどまわりが空いてないんですよ。やっぱり、パーンと空いてて、そこに原っぱがあるっていうのがね、いいですよね。

中川　いいですよ。駒沢にもあるんです、ちっちゃい山が。それで「山のぼり」っていうお話ができたんですが、草が生えてて、でもちっちゃいんですよ、山といっても。散歩に行こうっていうと必ず山登りするんです。3歩で登れても困るから、1歩上がって2歩ズルズルッて落ちて。わざと汗水たらして頂上を極めるのよ。富士山が見えるとか、アメリカが見えるとか言って。下りるときは大変なの。汗みどろになって、そのちっちゃい山を下りてくる。

宮崎　はははははは

中川　どろんこになって帰ってくる。

村上　子どもの頭の中では、それが現実なんですね。

中川　想像力で素晴らしい山になってる。

スタジオジブリで保育園をつくった理由

宮崎　どうしたらいいんでしょうね。夢見るんですけどね。どうもなかなか狭い範囲でいろいろ仕掛けると、あっちの保育園もそうですけど、池をつくっただけでほとんど池に取られてしまって、水浸し。まあ、それもいいんですけど。小学校に入った孫が、この保育園で育ったんですけどね。

中川　間に合ってよかったですね。

村上　宮崎さんがつくられた「3匹の熊の家」という保育園ですが、どうしてつくろうっていうふうに思われたんですか？

宮崎　まわりに保育園の問題でどうしようかと思ってるお母さんたちがずいぶんいた時期なんです。今は何かしらどこかに入れるんですけど、当時は、そばに子どもたちがいたらどんなにお母さんたちがホッとするだろうと思って、それだけ

のことです。あと、保育園っていうのをつくってみたかったんです。狭いんですよね、狭いんですけどつくってみたかった。

中川　ははははは。

宮﨑　ちょっと怖いところもあってね。地下室もありますけど、雨の日は地下室を走り回ってます、みんな。

子どもを「見る」ということ

村上　中川さんは子どもたちのどんな姿を見ると嬉しくなりますか？

中川　やっぱり、嬉しそうに遊び回ってる姿が、一番かわいいわね。

村上　時には、ケンカをしたりという子どもたちもいるわけですよね。

中川　そうよ、ケンカなんて日常茶飯でね。もうね、子ども同士の中ではね、誤解が多いんですよ。好きだからね、抱きついたらば、そこへ転んじゃって泣いたりね。お手伝いしたいって思って友だちに手を出したら余計なことするってはねのけられたりね。小さい子ほどそういう親切にしたつもりが、かえって邪魔したと思われたりね。キスしたら、かみつかれたと思われたとかね。

宮﨑　ふふふふ。

中川　両方の言い分をよく聞くの。でも最初から見てないと絶対にわかりませんからね。だから子どもから絶対、目を離しちゃいけないの、保育者っていうのは。背中にも目がなくちゃ。年中、私、子ども数えてたのね。

宮﨑　ははは。

中川　今思うと、若いからできたんですね。

宮﨑　隣の建物（保育園）、見ていただくとわかるんですけど、縁側があって高いんですよ。沓脱石が置いてあるんです。それ、石なんですよ。子どもが縁側に立ってるのをこっちから見てると、ドキドキするような風景です。そこのすぐ下が石ですから。落っこったりするんですよ。あっという間によじ登って戻ってきますけどね。すごいですね。

　なぜ石かってね、コンクリートは子どもが触れるところには使わないって決めたんです。コンクリートはもちろん使ってますけど、じかに触れるところにはコンクリートは使わない。自然の石を置くって。って言ったってまあ、いろんな石がありますから。子どもたちは石と馴染みがものすごくいいです。でこぼこの石の上を平気で裸足で走り回ってます。そういうとこでつまずかない、本当に。

　で、庭の真ん中に石の階段をつくったんですね。建物がちょっと高いもんですから。怖いですよね、下りてくるのを見ると。

村上　いつ転ぶかドキドキする光景ですね。

宮﨑　転ぶんですよ（笑）。またむっくり起き上がって、ちゃんと下りてきます。自分でちゃんと下り切ったときにね、誰も見てないんだけど、すごく誇らし気な顔になります。それは中川さん、わかっていただけると思うんですけど。

中川　すごい度胸。

宮﨑　これは我慢して見てなきゃいけない。飛んで行かない、すぐには。

中川　えらい！

宮﨑　そういうのをずっと観察するわけじゃないですよ。た

169

またま見かけるんですけれども。ああ、もう子どもたち大丈夫だって思った。もう、石がひっくり返っても全然平気。石と木の丸太が植えてあって、ま、木もだいぶ大きくなってきたんですけどね。木登りの木を植えたんですけど、木登りをやると、ここではほめられる。小学校で木登りすると怒られるって。

中川　それが人間の社会だって。

宮﨑　大きく学ばなきゃいけないんです。

村上　お母さんたちって、子育てするときになるたけケガをさせないように……ケガをしたら自分の責任みたいな気持ちがあるから、危ないと思ったらすぐ抱き上げちゃったり。冒険をさせるのがなかなか……。

宮﨑　わかりますけどね、気持ちは。コンクリートはケガするんですよ。僕はそう思います。だけど自然のものはね。石も木も草も、子どもたち、本当に馴染みがいいですよ。

中川　それは、原っぱで十分に遊んでるから、そういう力もついてるんですよね。

宮﨑　原っぱ、ほしいですよね。

中川　ほしいですね。

宮﨑　原っぱをつくるって、どうやったらいいんだろう……要するに、空き地をつくんなきゃいけない。そこだけ草むらをつくったってダメなんですよね。何か、誰が入っても文句言わないような空き地があるといいんですよね。

　草ぼうぼうでいいんです。子どもたちが勝手に道をつくるから大丈夫なんですよ。自然保護なんて言い出すとね、訳わかんなくなるから。子どものための空き地を街の中につくれたらね。公園だからその管理責任があるだろうってややこし

いのはなしにして、ここは治外法権ですって書いて……（笑）。

　本当に子どもたち、そこで遊べたらたちまち変わると思いますよ。

子どもはみんな、自分の子どものような存在

村上　子どもに向けての作品をつくられてるお2人ですけど、お2人にとって子どもっていうのはどんな存在なんですか？

中川　大事な存在です。私はね、このところみんな自分の子どもだと思っちゃって。

村上　みんなというのは？

中川　すべての子ども。みんなかわいいし、幸せになってほしいし、守らなきゃなんないし。児童憲章の三原則っていうのがあって、「児童は人として尊ばれる」「児童は社会の一員として重んぜられる」、それと「児童はよい環境の中で育てられる」っていうのがあるんですよね。その3つを守りたい。

みんなを守んなきゃいけないなあって思ってる。

宮崎 これ、う〜ん、中川さんの前では言いにくいんですけど……若い頃、児童文学なんてものをグジグジ言ってた頃はね、"敗れ続ける可能性"なんだって、次々可能性を失っていくのが子どもなんだっていうふうな問題意識を持ってたわけです。それは今もあんまり変わってないんですよ。だから、それが天才になるとか、すごい稼ぎ頭になるとか、そういうことじゃなくて、何かよかったっていうものに出会えるといいなと。

「隣の怪しいおじさん」と「日本一の保育士」

村上 仕事が忙しくてなかなか触れ合えない中で、子どもたちと触れ合う時間というのは、宮崎さんにとってリフレッシュになるんでしょうか。

宮崎 (保育所の横を)通りながら、子どもたちが遊んでいるのを見たときに、「あ、知らない子が増えてる！ やばい」って思いますよ。1年くらい、あっという間にたっちゃうんですよね。こっちがなんだかグジグジやってると。

だけど、子どもにとってみたら、1年ってものすごく長いから、誰かが卒園して誰かが入ってきて、「あ！ 主役が変わってる」って。やばいっすよ、これ、本当に。

それから、保育園をつくるきっかけになったスタッフの子どもたちは、もうみんな出ていったんですよ。今も新しい子どもたちが来ていて、それはそれでいいんですけど、自分の心の中で次の仕切り直しをやらなきゃいけないんです。一体、保育園と僕はどこに関わってるのかって。

中川　園長先生じゃないですもんね。

宮﨑　園長先生じゃありません。だから、隣の怪しいおやじを
やる。あそこは怖いぞって。それをやるしかないですね。こ
こに住んでるんだっていうね。みんなが入ってはいけない秘
密の部屋があるんだっていうのをね。子どもたちを入れてな
い部屋もありますけど、ただの書庫ですけどね（笑）。

中川　いいわね、こんな怪しいおじさんがいる保育園って、う
らやましい。

村上　ミステリアスでいいですね。

宮﨑　僕は住んでることになってますからね。はははは。

村上　そうやって子どもを観察しながら過ごす時間っていう
のは、宮﨑さんの仕事にどんな影響を与えていますか？

宮﨑　いや、僕はね、そういうふうに思ったことはないです
ね。要するに、子どもを面白がらせる、楽しませるってこと
は、面白いことですから。だから、それはチャンスがあった
らやるけど、それにずっと張り付いてはいられない。だって
中川さん、保母さんだったから。

中川　私は日本一の保育士を目指したの。

宮﨑　そう、そういうことなんですよ。

中川　日本一の保育園。子だくさんの家の子ども部屋ってい
うのをつくる。おかしいでしょ。

宮﨑　僕は、隣の変な怪人、じじいになりたいって思ってる。

村上　お２人の想像力がすごすぎます。

　　　子どもの問題を通して、社会を変えていく

村上　中川さんが書かれた本の中に、「社会と子どもが分断さ

173

れて、子どもたちに無関心な空気が今、世の中に生まれている。もっと大人が子どもと関わることが、社会を変えるきっかけになるんじゃないかと、宮崎さんと話をした」というのがありました。

宮崎 本当に大問題です、この国の。

中川 関心がないわね、無関心。

宮崎 世界もそうかもしれないけど、本当にこの国の大問題ですね。これはどうしたらいいんですかね。

村上 保育園の音がうるさいと、社会問題にもなってますよね。

宮崎 もしそういう苦情が出たら……うちでは苦情は出てないみたいですけど……それはケンカしなきゃいけないんだったらケンカするぞって格好をしてもいい。僕はそう思いますけどね。

　苦情が出たときに宮崎を出すと話がややこしくなるから、僕に内緒で片づけてるかもしれない（笑）。

　たき火なんかもっとやりたいんだけど、消防署に連絡したり、何とかかんとかしないといけないから、せいぜい短い棒に裸火をつけて、竈に1人ずつ入れさせるとか、そのくらいしかできない。煙が追いかけてくるみたいな体験はね、させることができないんですよ。

村上 中川さんはどうでしょうか？　子どもに無関心な空気が生まれてしまっている世の中を、どうしたらいいと思われますか？

中川 子どもは見てるんですよ、大人を。だから、大人は子どもにバカにされないように。大人は子どもをバカにしない。そう思いますね。本当に子どもは1人ひとり違いますから。

どんな子どもも、親よりちょっとだけ優れてる

村上 お2人から、子育てをしているママたち、そしてパパたちへの言葉をいただきたいなと思っています。まず、中川さんからお願いします。

中川 私、お子さんのいるパパやママがとってもうらやましいって言ってて。うらやましい、いいわねって。子どもはね、本当にお父さんとお母さんが大好きなの。あんなにね、子どもに愛されてるっていうのは、なんて幸せなことだろうと。そして子どもたちは1分1秒ムダなく成長してるんですよ。成長願望の塊（かたまり）なの。

　それでね、お父さんとお母さんより、子どものほうがみんなちょっと優れてる。私が今まで会ってきたすべての子に言えることだから、そう思ってって。今にあなたを追い越していくわよって。自分と比べたらいいのよ、よその子と比べないで。そうすると、自分より必ずいいところがあるから、子どものほうが。安心でしょ？　腹が立ったりなんかしたらね、ノートにでも書いておいて20年ぐらいたってから読み返すと、本当に面白いわよ（笑）。

宮﨑 はははは。

中川 何であのとき、あんなに怒ったんだろうって、きっとおかしいと思う。

村上 子育てに自信がないなって思っているお母さんのことでも、子どもたちはそのお母さんが一番好き。それを自信にしていいんでしょうね。

中川 そうよ。17年保育園にいて、どんなに私がかわいがったって、お母さんは超えられなかった。全部さらって無人島

に連れて行きたかったんですよね（笑）、返すのが残念でね。それくらい、みんなかわいかったんですけどね。

（村上）　そんなに愛しても、お母さんのところに帰っていっちゃう……。

（中川）　だから、お母さんたちは平然として安心して！　どんなに先生が子どもたちをかわいがったって、先生に取られる心配はないって。うん、そうでしたよ。

子どもに手を焼けるときが、人生で一番幸せ

（村上）　宮﨑さんから、お母さん、そしてお父さんへのメッセージをいただけますか。

（宮﨑）　僕は息子が2人なんですけど。2人目が大学に入るときに、下宿するために家を出ていった。そのときに、「ああ、子育てが終わったんだ」って思ったんですね。

　女房もまったく同じ考えを持ってて、人生で一番いい時期が終わったんだって。それに尽きますね、本当に。

　その後ももちろん親子の関係はあるし、ゴタゴタも含めていろんなことがあるけれども……あの面倒くさいチビたちがいなかったら、ずっとラクに仕事だけをやれるのにとか、そう思ったこともありますから。

（中川）　ふふふ。

（宮﨑）　でも、そういうのも全部含めて、やっぱり一番いいときだったんだって、職場にいる人に言ってます。子どもに手を焼けるときが一番幸せなときなんだって。

（中川）　うらやましいでしょ。

（宮﨑）　うらやましいです。

176

村上 その渦中にいるときは、なかなかそれに気づかなくて、無我夢中だったりしますもんね。

宮﨑 あとで気がつけばいんですよ。

中川 そうよね～。だから「書いといたらいいんじゃない?」って言うのよ。ははは。

宮﨑 頭に来たり、不安になったり、それは要するに全力でやらなきゃいけないんですよ。億劫で面倒くさいものが、やっぱり一番深く残るんですよ。そうだと思う。中川さんがおっしゃったような、本当に贈り物みたいな素晴らしい子どもたち、うちのチビはとてもそんな代物じゃないって思っても、やっぱり世界で一番かわいい子だしね。本当に家を出ていったときに、やっぱり、子育てのときが一番いいときだったんだって思いますよ。絶対そう思うと思う。

177

　本から"声"が聴こえてきましたか？　ラジオの中のあた
たかい空気感が伝わったでしょうか。親としてしっかりやら
なくてはと、がんばりすぎて固くなってしまった心が、ご登
場いただいた素敵なゲストの方々のことばでゆるりとほぐれ
たなら、何より嬉しいです。
　実は私自身が、自分はダメな母親だと思う劣等感、後悔と
反省の気持ちを、ずっと隠し持って生きてきました。母とし
ての自信がないくせに、自分の価値観を子どもに押しつけて、
怒ったりあせったりしていました。子育てがつらくて、孤独
で、何か助けになるものを、いつもどこかに求めていたよう
に思います。この本を今、手に取ってくださったあなたはど
うでしょうか。もしかしたら、当時の私と同じ気持ちでいる
のかもしれません。
「この子を立派に育てなくては！」と思えば思うほど、思っ
たように運ばないのが子育てです。いつも笑顔のママでいた
いのに怒ってばかり。そんな自分に落ち込んでしまう——で
も、子育ても、家のことも、仕事も、きちんと完璧にやりた
いと思わなくていいのです。
「赤ちゃんが少しずつ成長していくように、新米ママと新米
パパも少しずつ、赤ちゃんと一緒に成長していけたらいいね」。
そんな気持ちを持てたら、もう子育ては怖くない、大丈夫
です。壁にぶち当たったら、この本を手に取って"魔法のこと
ば"と出会ってください。何度でも！

かく言う私も、母になった日のことは、今でもよく覚えています。特にその日の夜はものすごいプレッシャーを感じました。

　日中は夫や両親もやってきてにぎやかに過ごしましたが、夜は病院のベッドに1人。眠れずにいると、看護師さんが「赤ちゃんと一緒に過ごしたいでしょう」と、気をきかせて新生児室から息子を連れてきてくれました。

　でも、私は2人でいたくはありませんでした。なんだか不安だったのです。抱っこもまだ慣れず、息子をベッドに置いてその横で正座をした私は、ふにゃふにゃで頼りなげな生命体を途方に暮れた思いで見つめました。

「私がお母さんなんだ。この子をしっかり育てていかねばならない！」という気負いと重圧で、翌日から私の体には不調が相次ぎました。突然の胃けいれん、耳鳴り、不眠……体調が戻るのに1年以上かかりました。

　生後3カ月で保育園に預けて職場復帰。アナウンサーとしては半人前で、仕事はうまくいかず落ち込んでばかり。お母さんとしてはまったく自信がない。きっと暗い顔をしていたのでしょう。保育園の先生が心配して声をかけてくれました。「お母さん、大丈夫？」。そのひと言で涙が止まらなくなったこともありました。

　私自身がそんな経験をしてきたからこそ、あれから30年もたっているのに、同じようにつらい気持ちを抱えているママたちがいることに、強く心が動かされました。何かできることがあるのではないかという願いを込めて番組を立ち上げました。すると、この本にも登場してくださった第一線で活躍

されている方々が、「子育て中のママ・パパたちのためなら」とご出演くださり、「ラジオ深夜便」を長く聴いてきてくださったシニア世代のリスナーの皆さんが励ましの声を送ってくださって、ラジオの放送の中に「真夜中の子育て応援団」がどんどん増えていきました。

　こんなこともありました。8カ月の子どもを育てるママから「心の中の黒い気持ちに悩んでいます」というお便りが来ました。「そのモヤモヤした気持ちを夫にも話せなくて苦しんでいる」というのです。番組の中でそのお便りを伝えると、幅広い世代のリスナーから、自分のこととして考えたアドバイスや励ましの言葉が次々に届きました。どのことばも優しさと善意と1人ひとりの経験から生まれたものでした。

　その中で、私が今でも覚えているのが、自身も子育て中の30代のあるリスナーからのメッセージです。「まわりの人でも番組へのメールでもいいから、まずは心の中の思いを吐き出して心の健康を取り戻して」と呼びかけ、最後にこう綴っていました。「立派なママや妻にはなれなくても、みんなで一緒に幸せなママになれたらなぁと思います」と。なんだか胸がいっぱいになりました。「みんなで一緒」に「幸せなママ」に……。

　願いを込めて立ち上げた番組に、リスナーの皆さんの声が集まり、互いを思い合うあたたかな交流が生まれ、目指すべきものもリスナーが語ってくれる。番組に魂を入れてくれているのはリスナーの皆さんなんだ、と実感しました。

　私のこれからの願いは、ラジオで生まれているあたたかな

交流やことばが、現実の社会にも広がっていってほしいということ。閉塞感のある世の中が、少しずつでも息がしやすい社会に変わってほしいということです。そのためにも、番組の中で、子育て世代と年配のリスナーが交流することは、とても大切だと思います。大変なときは助け合い、つながってお互いを思い合える社会になっていったら、なんてすてきなことでしょう。

「みんなの子育て☆深夜便」をまだ聴いたことがない方は、ぜひ一度、遊びに来てください。ラジオがなくてもスマホで聴けますし、聴き逃し配信も行っています。見えないけれど人とつながっている、ホッとできるあたたかさを感じる番組を、これからも皆さんと一緒につくっていければ、うれしく思います。

　ここで、「みんなの子育て☆深夜便」の生放送の中で生まれた歌をご紹介させてください。

　詩人で童話作家の工藤直子さんが、リスナーの皆さんからのたくさんのお便り・メールを「ひとりごとの花束」と表現して、その場で詞をつくってくださいました。そして、一緒に出演されていたシンガーソングライターの新沢としひこさんが生放送中に作曲をして、曲が生まれました。

「ひとりごとの花束」
作詞：工藤直子　作曲・歌：新沢としひこ

あの人　この人　あなたも　わたしも

心に　いっぱい　ひとりごと　持ってる
泣いて　ひとりごと　笑って　ひとりごと
すねて　ひとりごと　はしゃいで　ひとりごと
歌おう　あなたの　ひとりごとの花束

きのうも　きょうも　降っても　照っても
心に　いっぱい　ひとりごと　生まれる
泣いて　胸を抱き　笑って　手を広げ
いつか　ひとりごと　うれしい　ときだけに
歌おう　あなたの　ひとりごとの花束

　これからも、皆さんの「ひとりごと」が集まり、それが大きな花束になって、たくさんの方々に届くようにお手伝いできれば、と願っています。

　最後に、番組にご出演くださったゲストの皆さん、いつも小さなラジオ番組を応援してくださり、ありがとうございます。皆さんの言葉が、幸せへの道しるべです。そして、番組に魂を入れてくれているすべてのリスナーの皆さんに、心から感謝をお伝えしたいです。ありがとうございました。

　この本を手に取ってくださった皆さんと、次は真夜中のラジオ「みんなの子育て☆深夜便」でもお会いできる日を楽しみにしています。

村上里和

執筆者紹介（五十音順・敬称略）

青山 誠（あおやま まこと）

社会福祉法人東香会理事（保育統括）、上町しぜんの国保育園副園長、ののはな文京保育園アドバイザー。1976年横浜市生まれ。幼稚園勤務を経て、りんごの木子どもクラブで10年保育を行う。2019年より上町しぜんの国保育園に勤務。園長を務めたのち、23年より現職。第46回「わたしの保育記録」大賞受賞。著書に『あなたも保育者になれる』『子どもたちのミーティング』（共著）などがある。

あまんきみこ

児童文学作家。1931年満州に生まれる。1968年『車のいろは空のいろ』で第1回日本児童文学者協会新人賞、第6回野間児童文芸賞推奨作品賞を受賞。のち、坪田譲治主宰の童話雑誌「びわの実学校」の同人となる。作品に『ちいちゃんのかげおくり』『おにたのぼうし』『きつねみちは天のみち』『ふうたのはなまつり』『かえりみち』ほか多数。エッセイ集に『空の絵本』がある。

荒井良二（あらい りょうじ）

絵本作家、アーティスト。1956年山形県生まれ。『たいようオルガン』でJBBY賞を、『あさになったので まどをあけますよ』で産経児童出版文化賞・大賞を、『きょうはそらにまるいつき』で日本絵本賞大賞を受賞するほか、2005年には日本人として初めてアストリッド・リンドグレーン記念文学賞を受賞するなど国内外で高い評価を得る。2023年より「new born 荒井良二 いつも しらないところへ たびするきぶんだった」展が全国の美術館で巡回するなど、その活動の幅を広げている。

犬山紙子（いぬやまかみこ）

イラストエッセイスト、コラムニスト、コメンテーター。1981年大阪府生まれ。大学卒業後、仙台のファッションカルチャー誌の編集者を経て、2011年、女友達の恋愛模様を書いたブログが話題となり出版。現在はTV、ラジオ、雑誌、Webなどで粛々と活動中。2014年に結婚、2017年に第一子となる長女を出産してからは、児童虐待問題に声を上げるタレントチーム「こどものいのちはこどものもの」の立ち上げ、支援活動にも力を入れている。

内田也哉子（うちだやゃこ）

1976年東京都生まれ。樹木希林、内田裕也の一人娘であり、19歳で本木雅弘と結婚。三児の母。著書に季刊誌『週刊文春WOMAN』での連載エッセイをまとめた『BLANK PAGE』、翻訳絵本に『たいせつなこと』『ママン 世界中の母のきもち』などがある。2023年放送開始のアニメ『オチビサン』の主題歌『ロマンティーク』で作詞を担当。

遠藤利彦（えんどうとしひこ）

東京大学大学院教育学研究科教授。同附属発達保育実践政策学センターセンター長。1962年生まれ。東京大学大学院教育学研究科博士課程単位取得後退学。心理学博士。専門は発達心理学、感情心理学、進化心理学。NHK『すくすく子育て』にも専門家として登場。おもな著書に、『乳幼児のこころ』『よくわかる情動発達』『赤ちゃんの発達とアタッチメント——乳児保育で大切にしたいこと』など。

大日向雅美（おおひなたまさみ）

恵泉女学園大学学長。1950年生まれ。お茶の水女子大学卒・同大学院修士課程修了、東京都立大学大学院博士課程満期退学。学術博士。専門は発達心理学。1970年代はじめから半世紀余り母親の育児ストレスや育児不安の研究に取り組み、現在は子育て・家族支援のNPO活動にも力を入れている。『自己肯定の幸せ子育て』『共生社会をひらく シニア世代の子育て支援〜子育てひろば「あい・ぽーと」2003〜2021』など著書多数。

大豆生田啓友 (おおまめうだ ひろとも)

玉川大学教育学部乳幼児発達学科教授。1965年生まれ。青山学院大学大学院を修了後、青山学院幼稚園教諭などを経て現職。

専門は乳幼児教育学、保育学、子育て支援。講演やＮＨＫ『すくすく子育て』など、テレビなどでも活躍。『「語り合い」で保育が変わる』『日本が誇る！ ていねいな保育』『非認知能力を育てるあそびのレシピ』（共著）ほか、多くの著書がある。

加瀬健太郎 (かせ けんたろう)

写真家。1974年大阪生まれ。四児の父。東京の写真スタジオで勤務の後、イギリスに留学。London College of Communication で学ぶ。著書に『スンギ少年のダイエット日記』『イギリス 世界のともだち』、絵本『ぐうたらとけちとぷー』（絵・横山寛多）、子どもたちとの日常を写した写真日記『お父さん、だいじょうぶ？日記』『お父さん、まだ大丈夫？日記』などがある。

角野栄子 (かどの えいこ)

児童文学作家。1935年東京都生まれ。大学卒業後、24歳からブラジルに2年滞在した体験をもとに描いた『ルイジンニョ少年 ブラジルをたずねて』で、70年作家デビュー。代表作『魔女の宅急便』（小学館文学賞、野間児童文芸賞等受賞多数）は89年にアニメーション映画化。2000年に紫綬褒章、14年に旭日小綬章を受章、18年に国際アンデルセン賞作家賞を受賞。23年にオープンした「魔法の文学館」館長を務める。

工藤直子 (くどう なおこ)

詩人、童話作家。1935年台湾生まれ。お茶の水女子大学中国文学科卒業後、博報堂に入社、女性初のコピーライターとなる。83年『てつがくのライオン』で日本児童文学者協会新人賞、85年『ともだちは海のにおい』でサンケイ児童出版文化賞受賞、2004年巌谷小波文芸賞受賞、08年『のはらうたⅤ』で野間児童文芸賞受賞。 多くの詩集、エッセイ、絵本を出版し、絵本の翻訳も多く手掛けている。近著に『工藤直子全詩集』がある。

小林エリカ [こばやしエリカ]

作家、マンガ家。1978年東京都生まれ。2014年『マダム・キュリーと朝食を』で第27回三島由紀夫賞候補、第151回芥川龍之介賞候補。小説『トリニティ、トリニティ、トリニティ』で第7回鉄犬ヘテロトピア文学賞受賞。ほかの著書に短編集『彼女は鏡の中を覗きこむ』『親愛なるキティーたちへ』、コミック『光の子ども』(1～3)、絵本『わたしは しTBない おんなのこ』など。おもな個展に「野鳥の森 1F」(2019年、東京)など。月刊『母の友』に「母の冒険」連載中。

小林よしひさ [こばやしよしひさ]

1981年埼玉県生まれ。日本体育大学体育学部社会体育学科卒業。幼児食インストラクター、食育アドバイザー、中学校・高等学校教諭一種免許(保健体育)。2005年～2019年 NHK E テレ『おかあさんといっしょ』第11代目体操のお兄さんを歴代最長14年間務める。卒業後も得意な料理や運動能力を活かし、イベント、バラエティ番組出演。2021年NHK 連続テレビ小説『カムカムエヴリバディ』出演。2022年～NHK E テレ(毎週月～水)『オハ!よ～いどん』体操のお兄さんとしてレギュラー出演中。

五味太郎 [ごみたろう]

絵本作家。1945年東京都生まれ。桑沢デザイン研究所卒業。工業デザイナーを経て絵本の世界へ。子どもから大人まで幅広いファンを持ち、その著作は400冊を超える。世界中で翻訳出版されている絵本も数多い。『かくしたの だあれ』『たべたの だあれ』でサンケイ児童出版文化賞を受賞したほか、ボローニャ国際絵本原画展賞等、受賞多数。『みんなうんち』『きいろいのはちょうちょ』『さる・るるる』などの作品がある。

汐見稔幸 [しおみとしゆき]

1947年大阪府生まれ。東京大学教育学部卒・同大学院博士課程修了。東京大学名誉教授、白梅学園大学名誉学長、日本保育学会理事(前会長)、全国保育士養成協議会会長、一般社団法人家族・保育デザイン研究所代表理事、ぐうたら村村長。専門は教育学、教育人間学、保育学、育児学。NHK『すくすく子育て』などにも出演。『教えから学びへ』『子ども理解を深める保育のアセスメント』など、子育てや保育に関する著書多数。

柴田愛子（しばたあいこ）

1948年東京生まれ。私立幼稚園に5年間勤務し、多様な教育方法に迷って退職。OLを経験するも子どもの魅力から離れられず、別の私立幼稚園に5年間勤務。82年、“子どもの心に添う”を基本姿勢とした「りんごの木」を発足。保育のかたわら、講演、執筆、絵本づくりと、さまざまな子どもの分野で活躍中。『とことんあそんで でっかく育て』『それってホントに子どものため？』など、多くの著書がある。

春風亭一之輔（しゅんぷうていいちのすけ）

落語家。1978年千葉県生まれ。日本大学芸術学部卒業。2001年に春風亭一門に入門。12年、21人抜きの抜擢で真打昇進。10年、NHK新人演芸大賞、文化庁芸術祭新人賞を受賞。2012年、13年に2年連続して国立演芸場花形演芸大賞の大賞を受賞。年間約900席もの高座に上がりながら、ドラマ、バラエティー、ラジオ、書籍、ＣＤなど幅広い分野で活躍中。日本テレビ系列『笑点』大喜利メンバー。家庭では三児の父。

新沢としひこ（しんざわとしひこ）

1963年東京都生まれ。シンガーソングライター、元保育者。神戸親和大学客員教授、中部学院大学客員教授。アスク・ミュージック代表。日本童謡協会副会長。子どもたちの歌を多数手がける。作詞では『にじ』『世界中のこどもたちが』『ともだちになるために』『ハッピーチルドレン』（作曲・中川ひろたか）、『さよならぼくたちのほいくえん』（作曲・島筒英夫）など。作曲では絵本『はらぺこあおむし』（作・エリック・カール）などがある。

谷川俊太郎（たにかわしゅんたろう）

1931年東京生まれ。詩人。1952年第一詩集『二十億光年の孤独』を刊行。1962年『月火水木金土日のうた』で日本レコード大賞作詩賞、1975年『マザー・グースのうた』で日本翻訳文化賞、1982年『日々の地図』で読売文学賞、1993年『世間知ラズ』で萩原朔太郎賞など受賞・著書多数。詩作のほか、絵本、エッセイ、翻訳、脚本、作詞など幅広く作品を発表している。

てぃ先生

関東の保育園に勤める男性保育士。保育士として勤務するかたわら、その専門性を活かし、子育ての楽しさや子どもへの向き合い方などをメディアで発信。他園で保育内容へのアドバイスを行う「顧問保育士」の創設と就任など、保育士の活躍分野を広げる取り組みにも力を入れている。SNS総フォロワー数は170万人を超え、保育士としては日本一の数。『てぃ先生の子育てで困ったら、これやってみ！』『てぃ先生の子育てのみんなの悩み、お助け中！』などの著書がある。

外山紀子

早稲田大学人間科学学術院教授。1993年東京工業大学総合理工学研究科システム科学専攻博士課程修了。博士（学術）。専門は発達心理学（認知発達、食発達）。おもな著書に『生命を理解する心の発達』『発達としての共食』『やさしい発達と学習』、共著に『乳幼児は世界をどう理解しているか』『共有する子育て―沖縄多良間島のアロマザリングに学ぶ』『若者たちの食卓』などがある。

中川ソニア

1966年ブラジル・サンパウロ市生まれ。パラナ連邦大学ソシアルコミュニケーション・ジャーナリズム科卒業。学生時代から地元の経済新聞社で記者として働き、91年に在日ブラジル人向けのポルトガル語新聞の編集長として来日。95年からNHK WORLD-JAPAN「ＮＨＫラジオ国際放送」のポルトガル語番組にてアナウンサーと放送作家を担当。2000年からポルトガル語を教えはじめ、現在は立教大学と拓殖大学の非常勤講師を務めている。

中川李枝子

作家。1935年札幌生まれ。東京都立高等保母学院卒業後、「みどり保育園」に17年間勤務。主任保母として働きながら絵本の創作に取り組み、62年に『いやいやえん』でデビュー。厚生大臣賞、ＮＨＫ児童文学奨励賞、サンケイ児童出版文化賞、野間児童文芸賞推奨作品賞を受賞。翌年『ぐりとぐら』刊行。『子犬のロクがやってきた』『そらいろのたね』『ももいろのきりん』、エッセイ『子どもはみんな問題児。』など著書多数。映画『となりのトトロ』の楽曲『さんぽ』の作詞者でもある。

執筆者紹介

東直子 （ひがしなおこ）

歌人・作家。1996年第7回歌壇賞受賞。2016年『いとの森の家』で第31回坪田譲治文学賞受賞。歌集に『春原さんのリコーダー』『青卵』など。小説に『とりつくしま』『階段にパレット』『ひとっこひとり』ほか。歌書に『現代短歌版百人一首』、エッセイ集に『千年ごはん』『愛のうた』『一緒に生きる』などがある。『あめ ぽぽぽ』『わたしのマントはぼうしつき』など絵本も手掛けている。

福丸由佳 （ふくまるゆか）

白梅学園大学子ども学部発達臨床学科教授。慶應義塾大学法学部卒後、社会人を経てお茶の水女子大学大学院博士課程修了。人文科学博士。米国シンシナティ子ども病院研究員などを経て、2009年より現職。専門は臨床心理学、家族心理学。おもな著書に『離婚を経験する親子を支える心理教育プログラムFAIT―ファイト―』（編著）、『子ども家庭支援の心理学』（共編著）、『多様な人生のかたちに迫る発達心理学』（共著）、『生活のなかの発達――現場主義の発達心理学』（共著）など。

水野美紀 （みずのみき）

1974年三重県生まれ。女優。作家・演出家。87年芸能界デビュー。2017年第一子を出産。女優業に加え、自身の主宰する演劇ユニット「プロペラ犬」では脚本・演出を担当。独自の観察眼とアンテナを活かし、エッセイなどの執筆も精力的に行っている。エッセイ本『私の中のおっさん』のほか、自身の出産・育児を赤裸々に綴った子育て奮闘記『余力ゼロで生きてます。』『今日もまた余力ゼロで生きてます。』などの著書がある。

宮﨑駿 （みやざきはやお）

アニメーション映画監督。三鷹の森ジブリ美術館名誉館主。1941年東京都生まれ。学習院大学卒業後、数々のアニメーションスタジオを経て、『ルパン三世 カリオストロの城』で映画監督デビュー。1985年にはスタジオジブリの設立に参加、その後は監督として『風の谷のナウシカ』『となりのトトロ』『魔女の宅急便』『千と千尋の神隠し』などを発表。最新監督作は、2023年7月に公開した『君たちはどう生きるか』。

茂木健一郎（もぎけんいちろう）

1962年東京都生まれ。東京大学理学部、法学部卒業後、同大学院理学系研究科物理学専攻課程修了。理学博士。脳科学者。理化学研究所、ケンブリッジ大学を経て、現職はソニーコンピュータサイエンス研究所シニアリサーチャー。東京大学大学院客員教授。専門は脳科学、認知科学。「クオリア」（感覚の持つ質感）をキーワードとして脳と心の関係を研究するかたわら、文芸評論、美術評論にも取り組む。『脳を活かす勉強法』など著書多数。

山崎ナオコーラ（やまさき）

小説家、エッセイスト。1978年福岡県生まれ。埼玉県育ち。國學院大學文学部日本文学科卒業。2004年にデビュー。現在、4歳と7歳の子育て中。小説に『美しい距離』『リボンの男』、エッセイに『かわいい夫』『むしろ、考える家事』『ミライの源氏物語』などのほか、自身の子育てについて綴った『母ではなくて、親になる』がある。目標は、「誰にでもわかる言葉で誰にも書けない文章を書きたい」。

ヨシタケシンスケ

絵本作家、イラストレーター。1973年神奈川県生まれ。筑波大学大学院芸術研究科総合造形コース修了。日常のさりげないひとコマを独特の角度で切り取ったスケッチ集や、児童書の挿絵、装画、イラストエッセイなど、多岐にわたり作品を発表している。『りんごかもしれない』『しかもフタが無い』『りゆうがあります』『にげてさがして』『その本は』『メメンとモリ』など著書多数。また、育児イラストエッセイに『ヨチヨチ父』がある。

編者紹介

村上里和（むらかみ さとわ）
NHKアナウンサー。「ラジオ深夜便」アンカー。「みんなの子育て☆深夜便」（毎月第4木曜日）を立ち上げ、アンカー・制作を担当。津田塾大学卒業後、1989年NHK入局。ニュースや生活情報番組のキャスターやリポーターのほか、ナレーションや朗読番組も数多く担当。絵本や児童文学への情熱が高まり、2020年に「絵本専門士」の資格を取得。子どもの本についての学びを続ける。現在、放送大学大学院・文化科学研究科修士課程に在籍中。共著書に『子どもを夢中にさせる魔法の朗読法』（日東書院本社）がある。

「みんなの子育て☆深夜便」番組ホームページ
https://www.nhk.or.jp/shinyabin/minna.html

番組はスマートフォンでも視聴できます（同時視聴・聴き逃し配信）
NHKネットラジオ「らじる★らじる」ホームページ
https://www.nhk.or.jp/radio/

NHKラジオ「みんなの子育て☆深夜便」
子育ての不安が消える魔法のことば

2024年1月30日　第1刷

編　　者　　村　上　里　和

発　行　者　　小　澤　源　太　郎

責　任　編　集　　株式会社プライム涌光

電話　編集部　03(3203)2850

発　行　所　　株式会社青春出版社

東京都新宿区若松町12番1号〒162-0056
振替番号　00190-7-98602
電話　営業部　03(3207)1916

印刷・大日本印刷　　製本・大口製本

青春出版社の四六判シリーズ